KB094745

논픽션 독해력 수직 상승!

1 논픽션 필수 코스,
미국 교과과정의 다양한
배경지식 습득

과학
미술
음악
역사
문학
경제
수학

배경지식

2 가지고 있는 지식과 새로운
정보를 연결하여 내 것으로 만드는
통합사고력 향상

요약
활동
사전
지식
리딩
스킬
도표
활동
새로운
지식

3 꼼꼼히 읽고 완전히 소화하는
단계별 독해 유형 연습으로
문제 해결력 향상

어려운 문제도 척척!

추론
문제
세부
내용
핵심
주제
문장의
의미

4 논픽션 리딩의 시작부터
깊이 있는 이해까지 가능하게 하는
수준별 난이도 설계

독해력 완성

추론적
사고력
문법 이해력
논픽션 어휘력
기초 언어 실력

5 스스로 계획하고 점검하여 실력을 쌓아가는
자기주도력 형성

학습 계획표를 작성하며 스스로 점검

학습 연차별 다양한 문제 구성으로 수준별 선택

온라인 복습 퀴즈로 학습 효과 확인

Author Soktae Oh

For over 20 years, he has been developing English educational reference books for people of all ages, from children to adults. Additionally, he has been establishing a strong reputation in the field of teaching English, delivering engaging and enlightening lectures that delve deep into the essence of the language. Presently, he is actively working as a professional author, specializing in English content development.

미국교과서 **READING LEVEL 3 ❸**
American Textbook Reading *Second Edition*

Second Published on August 14, 2023
First Published on June 30, 2015

Written by Soktae Oh
Editorial Manager Namhui Kim, Seulgi Han
Development Editor Mina Park
Proofreading Ryan P. Lagace, Benjamin Schultz
Design Sanghee Park, Hyeonsook Lee
Typesetting Yeon Design
Illustrations Sunghwan Bae, Jiwon Yang
Recording Studio YR Media
Photo Credit Photos.com, Shutterstcok.com

Published and distributed by Gilbutschool

56, Worldcup-ro 10-gil, Mapo-gu, Seoul, Korea, 121-842
Tel 02-332-0931
Fax 02-322-0586
Homepage www.gilbutschool.co.kr
Publisher Jongwon Lee

ISBN   979-11-6406-546-2 (64740)
        979-11-6406-537-0 (set)
(Gilbutschool code : 30544)

R

미국교과서 리딩

READING

LEVEL 3 ③

길벗스쿨

영어 리딩 학습의 최종 목표는 논픽션 독해력 향상에 있습니다.

우리는 논픽션 리딩을 통해 다양한 분야의 어휘와 지식을 습득하고 문제 해결 능력을 키울 수 있습니다. 또한 생활 속 실용문과 시험 상황의 복잡한 지문을 이해하고 분석하며, 나에게 필요한 정보를 추출하는 연습을 할 수 있습니다. 논픽션 독해력은 비판적 사고와 논리적 사고를 발전시키고, 영어로 표현된 아이디어를 깊이 있게 이해하고 효과적으로 소통하는 언어 능력을 갖출 수 있도록 도와줍니다.

미국교과서는 논픽션 리딩에 가장 적합한 학습 도구입니다.

미국교과서는 과학, 사회과학, 역사, 예술, 문학 등 다양한 주제의 폭넓은 지식과 이해를 제공하며, 사실을 그대로 받아들이는 능력뿐만 아니라 텍스트 너머의 맥락에 대한 비판적 사고와 분석 능력도 함께 배울 수 있도록 구성되어 있습니다. 미국 교과과정 주제의 리딩을 통해 학생들은 현실적인 주제를 탐구하고, 아카데믹한 어휘를 학습하면서 논리적 탐구의 방법을 함께 배울 수 있습니다.

탁월한 논픽션 독해력을 원한다면
미국교과서 READING 시리즈

1. 미국교과서의 핵심 주제들을 엄선하여 담은 지문을 읽으며 **독해력**이 향상되고 **배경지식**이 쌓입니다.

2. 꼼꼼히 읽고 완전히 소화할 수 있도록 하는 수준별 독해 훈련으로 **문제 해결력**이 향상됩니다.

3. 가지고 있는 지식과 새로운 정보를 연결해 내 것으로 만드는 **통합사고력**을 기를 수 있습니다.

4. 스스로 계획하고 점검하며 실력을 쌓아가는 **자기주도력**이 형성됩니다.

5. 기초 문장 독해에서 추론까지, 학습자의 **수준별로 선택하여 학습**할 수 있도록 난이도를 설계하였습니다.

미국교과서 READING 단계 소개 ✕

〈미국교과서 READING〉 시리즈는 독해에 필요한 기초 언어 실력을 다지는 논픽션 리딩 준비부터 통합사고력을 키우는 논픽션 고급 독해력을 훈련하는 단계까지 학습자의 수준별로 선택할 수 있도록 총 5단계로 구성됩니다.

Level 1 ✕

영어학습 1년 이상 | 30~40 단어 수준
BR-200L | AR 0.4-1.6

기초 어휘와 필수 패턴
문형으로 논픽션 리딩 준비

Level 2 ✕

영어학습 2년 이상 | 40~60 단어 수준
210-400L | AR 1.3-2.4

기초 논픽션 어휘, 내용 이해,
기초 리딩 스킬 연습

Level 3 ✕

영어학습 4년 이상 | 60~80 단어 수준
400L-600L | AR 2.0-4.0

교과 지식 습득과 논픽션 독해
력 향상을 위한 정독 연습,
문법, 추론유형

Level 4 ✕
근간 예정

영어학습 3년 이상 | 90~120 단어 수준
550-720L | AR 3.7-5.9

독해력과 비판적 사고력을
향상시키는 장문 독해,
문법, 추론, 어휘 확장

Level 5 ✕
근간 예정

영어학습 4년 이상 | 130~180 단어 수준
650-820L | AR 4.8-6.7

비판적, 통합사고력을 향상
시키는 리딩 스킬,
통합사고 유형, 문법, 작문

LEVEL 3 논픽션 정독 연습

1 미국 교과과정 핵심 주제별 배경지식과 어휘 학습
2 꼼꼼하고 정확하게 읽는 정독과 다양한 문제 풀이
3 정확한 내용 이해에 도움을 주는 문법 요소 학습
4 Level Up 추론유형으로 상위권 독해 문제 도전
5 Summary 활동으로 핵심 어휘 복습, 내용 통합 훈련

미국교과서 READING 3단계 이렇게 공부하세요!

Before Reading

논픽션 주제 관련 단어와 그림을 통해 글의 내용을 예측합니다.

QR코드를 스캔하여 정확한 발음 확인하기

① Check Your Knowledge

문장을 듣고, 이미 알고 있는 내용인지 확인하며 배경지식을 활성화합니다.

③ Reading Focus

글에서 반드시 파악해야 하는 중심 내용을 미리 확인합니다.

② Vocabulary

단어를 듣고, 본책 맨 뒤의 단어리스트를 활용하여 의미를 확인합니다.

Reading

미국교과서 핵심 주제의 논픽션 글을 읽으며 교과 지식과 독해력을 쌓습니다.

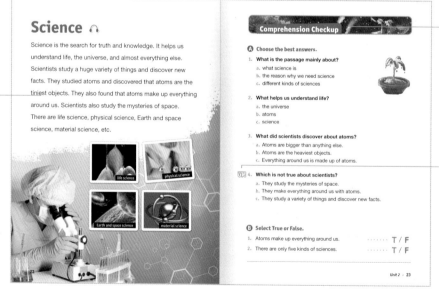

Reading Passage

음원을 들으면서 중심 내용과 세부 내용을 파악하고, 중요 단어의 의미를 떠올립니다.

Comprehension Checkup

글을 올바르게 이해했는지 다양한 문제로 확인합니다.

Level Up

사고력을 요하는 추론 유형으로 상위권 독해 문제를 경험합니다.

After Reading

단어와 문법 요소를 점검하고,
전체 내용을 요약하며 정리합니다.

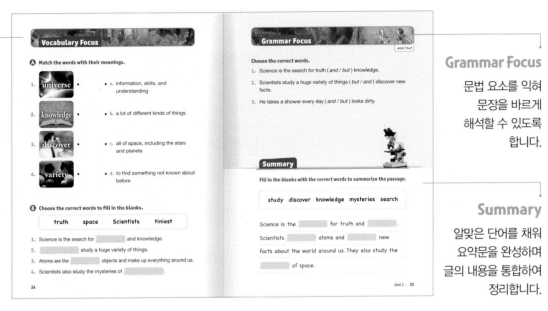

Vocabulary Focus

Ⓐ 영영 풀이로
단어의 의미를 복습
합니다.

Ⓑ 문장 단위에서
단어의 의미와
활용을 확인합니다.

Grammar Focus

문법 요소를 익혀
문장을 바르게
해석할 수 있도록
합니다.

Summary

알맞은 단어를 채워
요약문을 완성하며
글의 내용을 통합하여
정리합니다.

Chapter Review

과목별 주요 단어와 문장,
문법을 복습합니다.

Workbook

배운 단어의 의미를
확인하고, 문장으로
복습합니다.

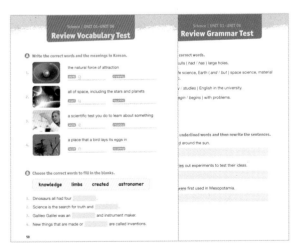

〈권말 부록〉 단어리스트

무료 온라인 학습 자료 길벗스쿨 e클래스(eclass.gilbut.co.kr)에 접속하시면 〈미국교과서 READING〉
시리즈에 대한 상세 정보 및 부가학습 자료를 무료로 이용하실 수 있습니다.
① 음원 스트리밍 및 MP3 파일 ② 추가 워크시트 4종 (단어 테스트, 문장 쓰기, 해석 테스트, 리딩 지문 테스트)
③ 복습용 온라인 퀴즈

미국교과서 READING 3.3 주요 학습 내용

SUBJECT	UNIT	TOPIC	VOCABULARY	GRAMMAR
SCIENCE	01	**Animals**	dinosaur, limb, skull, hole, lay, nest, hatch	Past tense
	02	**The Nature of Science**	search, truth, knowledge, universe, variety, discover, tiny, mystery	Conjunctions *and*, *but*
	03	**The Role and Impact of Scientists**	thinker, solve, pose, invention, discovery, recommend, encourage, nature, experiment, influence	Subject-verb agreement
	04	**Great Scientists**	painter, inventor, plan, parachute, astronomer, instrument, prove, telescope	Present simple
	05	**Great Scientists**	physicist, mathematician, study, force, light, orbit, gravity, suffer, deaf, light bulb	The object of a sentence
	06	**Inventions**	create, idea, writer, character, easier, wheel, paper	Subject-verb agreement
SOCIAL STUDIES	07	**South America**	continent, western, run, spine, river, flow, west, east	Prepositions *from*, *like*, *to*, *after*
	08	**Antarctica**	southernmost, South Pole, cover, thick, average, windy, consider, desert, human, permanently	Passive voice (be+p.p)
	09	**Australia**	island, contain, partly, except, far from, develop, contact	Quantitative adjectives *many*, *much*
	10	**European Exploration**	Native American, explorer, early, sail, land	Nouns with *-er*

SUBJECT	UNIT	TOPIC	VOCABULARY	GRAMMAR
SOCIAL STUDIES	11	The Pilgrims	Pilgrim, travel, ship, religious, difference, colony, Plymouth, rule, colonist	from A to B
	12	Slavery	law, allow, slavery, freedom, pay, against	Preposition *against*
LANGUAGE ARTS	13	Aesop's Fable	shepherd, flock, bored, protect, warn, attack, panic, guilty	Past tense
	14	Classic Story	pail, hen, envy, toss, spill, disappear	Prepositions *on*, *with*
MUSIC	15	Melody and Rhythm	melody, note, instrument, rhythm, length, clap, tap	Conjunction *while*
	16	Enjoying Music	enjoy, listen, concert, mobile phone, learn, violin, flute, way	A gerund subject (verb + -ing)
VISUAL ARTS	17	Appreciating Art	landscape, bright, warmth, intention, tropical, scenery, painting, point	Questions with *can*
	18	Analyzing Art	artist, include, atmosphere, made up of, fiery, push	Questions with *what*
MATH	19	Subtraction	subtraction, take away, left, write, minus, equal, subtract, say	Questions with *how many*, *how much*
	20	The Difference	between, difference, other, bigger, sign, compare, as well as, sum	Questions with *what*

· Daily Reading Plan ·

Week 1

| UNIT 01 | UNIT 02 | UNIT 03 | UNIT 04 | UNIT 05 | UNIT 06 |

Week 2

| REVIEW TEST | UNIT 07 | UNIT 08 | UNIT 09 | UNIT 10 | UNIT 11 |

Week 3

| UNIT 12 | REVIEW TEST | UNIT 13 | UNIT 14 | UNIT 15 | UNIT 16 |

Week 4

| REVIEW TEST | UNIT 17 | UNIT 18 | UNIT 19 | UNIT 20 | REVIEW TEST |

Science

Dinosaurs

🎧 Listen and check ☑ what you already know.

① Dinosaur skulls had large holes. ☐

Reading Focus

- Why were dinosaurs' large skulls light?
- Where did the babies of dinosaurs develop?

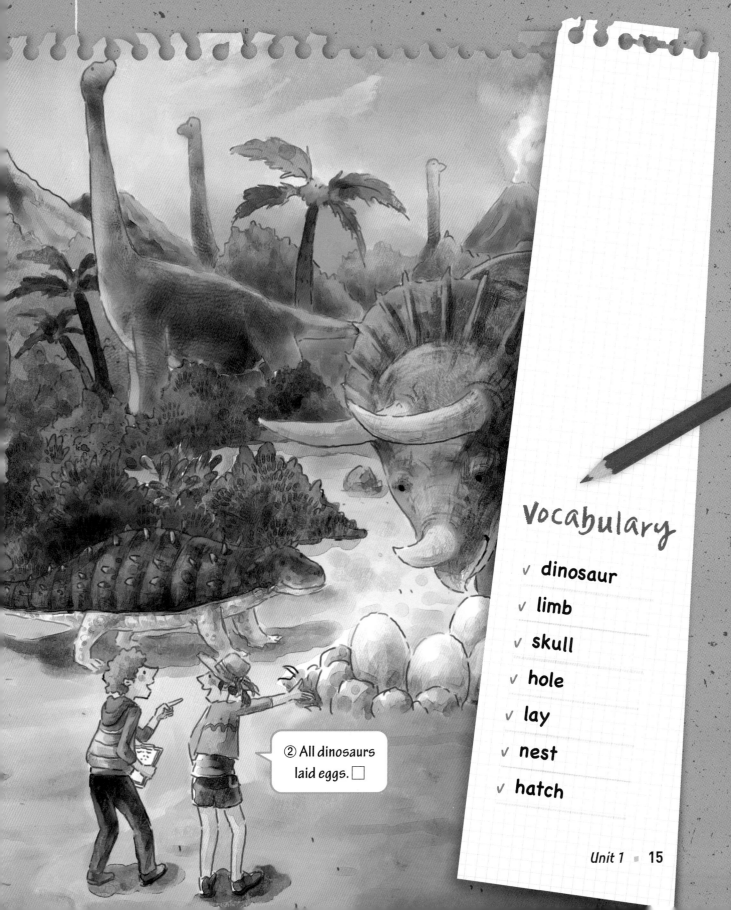

② All dinosaurs laid eggs. ☐

Vocabulary

- ✓ dinosaur
- ✓ limb
- ✓ skull
- ✓ hole
- ✓ lay
- ✓ nest
- ✓ hatch

Dinosaurs 🎧

Dinosaurs all had four limbs. But many of them walked on two legs.

Dinosaur skulls had large holes. These holes made their skulls lighter. Some of the largest skulls were almost as long as cars. All dinosaurs laid eggs—some in nests just like birds do today. Babies developed inside the eggs until they were ready to hatch.

Major Kinds of Meat-eating Dinosaurs

Tyrannosaurus rex

Tarbosaurus

Allosaurus

Major Kinds of Plant-eating Dinosaurs

Brachiosaurus

Triceratops

Stegosaurus

Comprehension Checkup

A Choose the best answers.

1. **What is the passage mainly about?**

   a. the bones of dinosaurs

   b. the ways that the eggs hatched

   c. the looks, bodies, and eggs of dinosaurs

2. **How many limbs did dinosaur have?**

   a. two

   b. three

   c. four

3. **Why were dinosaur skulls light?**

   a. because they had large holes

   b. because they were so small

   c. because they had small bones

4. **How long did baby dinosaurs develop inside eggs?**

   a. until they were ready to fly

   b. until they were ready to hatch

   c. until they were ready to lay eggs

B Select True or False.

1. All dinosaurs laid eggs. · · · · · · · T / F

2. Some dinosaur skulls were almost as long as cars. · · · · T / F

Vocabulary Focus

A **Match the words with their meanings.**

1.  limb •

 • **a.** the bones of a person's or an animal's head

2.  skull •

 • **b.** an arm or a leg

3.  nest •

 • **c.** a place that a bird lays its eggs in

4.  hatch •

 • **d.** to come out of an egg

B **Choose the correct words to fill in the blanks.**

> nests   limbs   laid   holes

1. Dinosaurs all had four _____.

2. Dinosaur skulls had large _____.

3. All dinosaurs _____ eggs.

4. Some dinosaurs laid eggs in _____.

Grammar Focus

Change the underlined words into the past forms and then rewrite the sentences.

1. Dinosaurs all <u>have</u> four limbs.

    →

2. These holes <u>make</u> their skulls lighter.

    →

* Check **Answer Key** for further explanation.

Summary

Fill in the blanks with the correct words to summarize the passage.

skulls	eggs	limbs	hatch	developed

Dinosaurs all had four _____ and had _____ with large holes. All dinosaurs laid _____ .

Baby dinosaurs _____ inside the eggs until they were ready to _____ .

Science

🎧 Listen and check ☑ what you already know.

① Science helps us understand life. ☐

- What is science?
- What do scientists do?

② Scientists study the mysteries of space. □

Vocabulary

✓ search
✓ truth
✓ knowledge
✓ universe
✓ variety
✓ discover
✓ tiny
✓ mystery

Science 🎧

Science is the search for truth and knowledge. It helps us understand life, the universe, and almost everything else. Scientists study a huge variety of things and discover new facts. They studied atoms and discovered that atoms are the tiniest objects. They also found that atoms make up everything around us. Scientists also study the mysteries of space. There are life science, physical science, Earth and space science, material science, etc.

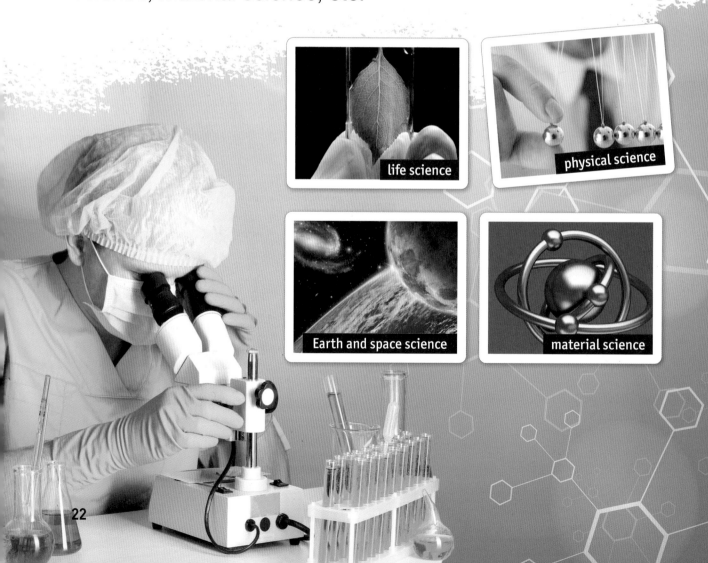

life science

physical science

Earth and space science

material science

Comprehension Checkup

A Choose the best answers.

1. **What is the passage mainly about?**

   a. what science is

   b. the reason why we need science

   c. different kinds of sciences

2. **What helps us understand life?**

   a. the universe

   b. atoms

   c. science

3. **What did scientists discover about atoms?**

   a. Atoms are bigger than anything else.

   b. Atoms are the heaviest objects.

   c. Everything around us is made up of atoms.

LEVEL UP! 4. **Which is not true about scientists?**

   a. They study the mysteries of space.

   b. They make everything around us with atoms.

   c. They study a variety of things and discover new facts.

B Select True or False.

1. Atoms make up everything around us. ········ T / F

2. There are only five kinds of sciences. ········ T / F

Vocabulary Focus

A **Match the words with their meanings.**

1.  universe •

       • **a.** information, skills, and understanding

2. knowledge •

       • **b.** a lot of different kinds of things

3.  discover •

       • **c.** all of space, including the stars and planets

4. variety •

       • **d.** to find something not known about before

B **Choose the correct words to fill in the blanks.**

truth	space	Scientists	tiniest

1. Science is the search for _____ and knowledge.

2. _____ study a huge variety of things.

3. Atoms are the _____ objects and make up everything around us.

4. Scientists also study the mysteries of _____ .

24

Grammar Focus

Choose the correct words.

1. Science is the search for truth (*and* / *but*) knowledge.

2. Scientists study a huge variety of things (*but* / *and*) discover new facts.

3. He takes a shower every day (*and* / *but*) looks dirty.

Summary

Fill in the blanks with the correct words to summarize the passage.

> study   discover   knowledge   mysteries   search

Science is the _____ for truth and _____.

Scientists _____ atoms and _____ new

facts about the world around us. They also study the

_____ of space.

Science and Problems

🎧 Listen and check ☑ what you already know.

① Aristotle has influenced many scientists. ☐

Reading Focus

- What did some great scientists want to do?
- Who was Aristotle?

② Scientists have made many great inventions and discoveries. ☐

Vocabulary

- ✓ thinker
- ✓ solve
- ✓ pose
- ✓ invention
- ✓ discovery
- ✓ recommend
- ✓ nature
- ✓ experiment
- ✓ influence

Science and Problems 🎧

Science begins with problems. Great scientists are all thinkers. They want to solve the problems that life poses. Scientists made many great inventions and discoveries, which have changed the course of history.

More than 2,000 years ago, the Greek thinker Aristotle (384~322 BC) recommended that people look at nature and carry out experiments to test their ideas. Many scientists have been influenced by Aristotle.

Some Great Inventions of Humankind

car

satellite

airplane

Comprehension Checkup

A **Choose the best answers.**

1. **What is the passage mainly about?**

   a. great discoveries of science

   b. Aristotle and his discoveries

   c. science starting from problems

2. **According to the passage, what have scientists made?**

   a. many kinds of food

   b. a lot of paintings

   c. many inventions and discoveries

3. **What have many scientists done to test their ideas?**

   a. They have changed the course of history.

   b. They have made many airplanes.

   c. They have carried out experiments.

LEVEL UP! 4. **What can you infer from the passage?**

   a. Scientists need the ability to think deeply.

   b. Aristotle solved all problems that life posed.

   c. The first scientific invention was made in Greece.

B **Select True or False.**

1. Aristotle's ideas have influenced lots of scientists. ······ T / F

2. Inventions and discoveries by scientists have changed history. ······ T / F

Vocabulary Focus

A Match the words with their meanings.

1.  thinker •

• a. the creation of something

2.  invention •

• b. someone who thinks carefully

3.  nature •

• c. a scientific test you do to learn about something

4.  experiment •

• d. everything in the world that people have not made

B Choose the correct words to fill in the blanks.

> discoveries   poses   influenced   recommended

1. Scientists want to solve the problems that life _____.

2. Scientists made many great inventions and _____.

3. Aristotle _____ that people carry out experiments.

4. Aristotle has _____ many scientists.

Grammar Focus

Subject-verb agreement

Correct the underlined words and then rewrite the sentences.

1. Science <u>begin</u> with problems.

   →

2. My father <u>go</u> to work by bus.

   →

Summary

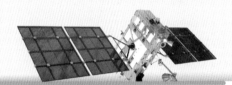

Fill in the blanks with the correct words to summarize the passage.

| look   experiments   solve   inventions   influenced |

Science begins with problems, and scientists want to

_____ them. They made many _____ and

discoveries. The Greek thinker Aristotle recommended

that people _____ at nature and carry out

_____. He has _____ many scientists.

Leonardo da Vinci and Galileo Galilei

🎧 Listen and check ☑ what you already know.

① Leonardo da Vinci painted the *Mona Lisa*. ☐

Reading Focus

- Who was Leonardo da Vinci?
- Who was Galileo Galilei?

Vocabulary

- √ painter
- √ inventor
- √ plan
- √ parachute
- √ astronomer
- √ instrument
- √ prove
- √ telescope

Leonardo da Vinci and Galileo Galilei 🎧

Leonardo da Vinci

Leonardo da Vinci(1452~1519) was a painter, scientist, and inventor. He drew plans for helicopters, airplanes, and parachutes. Unfortunately, the technology of his time was not good enough to build any of them.

Galileo Galilei(1564~1642) was an astronomer and instrument maker. He proved that Earth moves around the sun by looking at the solar system through a telescope.

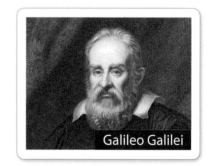

Galileo Galilei

A Choose the best answers.

1. **What is the passage mainly about?**

   a. Leonardo da Vinci and Galileo Galilei

   b. the relationship between two scientists

   c. how Galileo Galilei was influenced by Leonardo da Vinci

2. **What did Leonardo da Vinci not do?**

   a. He studied science.

   b. He invented new things.

   c. He flew an airplane.

3. **Who was Galileo Galilei?**

   a. a painter

   b. an astronomer

   c. an opera singer

4. **Which is true according to the passage?**

   a. Leonardo da Vinci could build a parachute.

   b. Galileo Galilei studied the solar system.

   c. Galileo Galilei proved that the sun is bigger than Earth.

B Select True or False.

1. Leonardo da Vinci built helicopters. ········ T / F

2. Galileo Galilei proved that Earth goes around the sun. ··· T / F

A Match the words with their meanings.

1.  painter

2. astronomer

3.  plan

4.  telescope

a. a scientist who studies the stars and planets

b. a drawing showing all the parts of a machine

c. an instrument that makes things look bigger and closer

d. someone who paints pictures

B Choose the correct words to fill in the blanks.

inventor	astronomer	drew	proved

1. Leonardo da Vinci was a painter, scientist, and _____.

2. Leonardo da Vinci _____ plans for airplanes and parachutes.

3. Galileo Galilei was an _____ and instrument maker.

4. Galileo Galilei _____ that Earth moves around the sun.

Grammar Focus

Choose the correct words.

1. Galileo Galilei proved that Earth (*moved* / *moves*) around the sun.

2. I learned that the sun (*gives* / *gave*) off heat.

3. She told me that the moon (*went* / *goes*) around Earth.

Summary

Fill in the blanks with the correct words to summarize the passage.

proved	telescope	sun	plans	built

Leonardo da Vinci drew ⬚⬚⬚⬚⬚ for helicopters,

airplanes, and parachutes. However, none of them was

⬚⬚⬚⬚⬚ in his day. Galileo Galilei ⬚⬚⬚⬚⬚ that

Earth moves around the ⬚⬚⬚⬚⬚ . He did it by

looking through a ⬚⬚⬚⬚⬚ .

Isaac Newton and Thomas Edison

🎧 Listen and check ☑ what you already know.

① Isaac Newton discovered the law of gravity. ☐

Reading Focus

- Who was Isaac Newton?
- Who was Thomas Edison?

② Thomas Edison invented light bulbs. ☐

Vocabulary

- ✓ physicist
- ✓ mathematician
- ✓ study
- ✓ force
- ✓ light
- ✓ orbit
- ✓ gravity
- ✓ suffer
- ✓ deaf
- ✓ light bulb

Isaac Newton and Thomas Edison 🎧

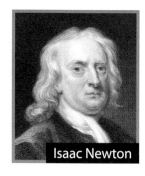

Isaac Newton

Isaac Newton(1643~1727) was a physicist and mathematician. He studied forces and light. He realized there must be a force that keeps the planets in orbit around the sun. Today, we know this force as gravity.

Thomas Edison(1847~1931) was an inventor. At 12, he suffered from scarlet fever and became deaf. However, he made more than 1,000 inventions, including long-lasting light bulbs and batteries.

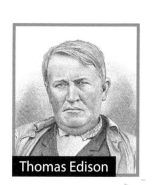

Thomas Edison

Ⓐ Choose the best answers.

1. **What is the passage mainly about?**

    a. Isaac Newton, a friend of Thomas Edison's

    b. how Isaac Newton was influenced by Thomas Edison

    c. the scientists, Isaac Newton and Thomas Edison

2. **Why did Thomas Edison become deaf?**

    a. because he had suffered from scarlet fever

    b. because he was born deaf

    c. because he had hurt his ears while experimenting

3. **Which is not one of Thomas Edison's inventions?**

    a. batteries

    b. a medicine for fever

    c. long-lasting light bulbs

4. **What can you infer from the passage?**

    a. People never realized Thomas Edison was deaf.

    b. Isaac Newton failed to make people understand gravity.

    c. Before Isaac Newton, people didn't know about gravity.

Ⓑ Select True or False.

1. Gravity keeps the planets in orbit around the sun. ······· T / F

2. Isaac Newton invented forces and light. ········ T / F

Vocabulary Focus

A Match the words with their meanings.

1.  study •

    • a. the brightness from the sun, a lamp, or a flame

2. light •

    • b. to try to find out something

3.  gravity •

    • c. not able to hear

4.  deaf •

    • d. the natural force of attraction

B Choose the correct words to fill in the blanks.

> force   suffered   physicist   light bulbs

1. Isaac Newton was a _____ and mathematician.

2. Isaac Newton realized there must be a _____ that keeps the planets in orbit around the sun.

3. Thomas Edison _____ from scarlet fever and became deaf.

4. Thomas Edison invented long-lasting _____ .

42

Grammar Focus

Circle the objects in the sentences.

1. Isaac Newton studied forces and light.

2. A force keeps the planets in orbit around the sun.

3. We know this force as gravity.

Summary

Fill in the blanks with the correct words to summarize the passage.

> inventor   studied   gravity   batteries   mathematician

Isaac Newton was a physicist and _____. He

_____ forces and light. He discovered _____.

Thomas Edison was an _____. He invented more

than 1,000 things, including light bulbs and _____.

Inventions

🎧 Listen and check ☑ what you already know.

① Cars were inventions when they were first made. ☐

Reading Focus

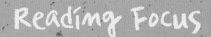

- What are inventions?
- What are ideas?

② Ideas can be called inventions. ☐

Vocabulary

✓ create

✓ idea

✓ writer

✓ character

✓ easier

✓ wheel

✓ paper

Inventions 🎧

New things that are made or created are called inventions. The computer and the car were inventions when they were first made.

Ideas can also be called inventions. Writers can invent characters and then write stories about them.

Inventions have made life easier for us. The wheel was first used in Mesopotamia. Paper was invented in China.

wheel

paper

magnetic compass

parachute

Comprehension Checkup

A Choose the best answers.

1. **What is the passage mainly about?**

   a. writers and characters

   b. information about inventions

   c. inventions created by writers

2. **What have inventions done for us?**

   a. They have produced many writers.

   b. They have made us richer.

   c. They have made life easier for us.

3. **Why are writers also inventors?**

   a. because they write on papers

   b. because they create ideas, characters, and stories

   c. because they use various tools, such as computers and pens

4. **Where was paper invented?**

   a. in Mesopotamia

   b. in China

   c. in Canada

B Select True or False.

1. Inventions are new things that are created. ········ T / F

2. The wheel was first used in China. ········ T / F

A Match the words with their meanings.

1.  •   • a. thin material that you write or draw on

2.  •   • b. one of the round things under a car or a bicycle

3.  •   • c. to make something new

4.  •   • d. someone who writes books

B Choose the correct words to fill in the blanks.

created	characters	easier	Ideas

1. New things that are made or _____ are called inventions.

2. _____ can also be called inventions.

3. Writers can invent _____.

4. Inventions have made life _____ for us.

Grammar Focus

Choose the correct words.

1. The computer and the car (*was* / *were*) inventions.

2. Writers invent characters and then (*write* / *writes*) stories about them.

3. Paper (*was* / *were*) invented in China.

Summary

Fill in the blanks with the correct words to summarize the passage.

| easier | inventions | new | wheel | created |

When we make or create _____ things, we call

them inventions. Ideas are _____ , so they can

also be _____ . Inventions such as the _____

and paper have made our lives _____ .

Review Vocabulary Test

A **Write the correct words and the meanings in Korean.**

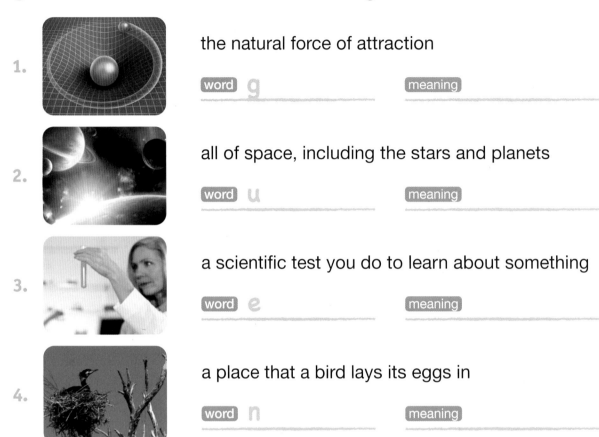

1. the natural force of attraction

   word g_____   meaning _____

2. all of space, including the stars and planets

   word u_____   meaning _____

3. a scientific test you do to learn about something

   word e_____   meaning _____

4. a place that a bird lays its eggs in

   word n_____   meaning _____

B **Choose the correct words to fill in the blanks.**

| knowledge | limbs | created | astronomer |

1. Dinosaurs all had four _____.

2. Science is the search for truth and _____.

3. Galileo Galilei was an _____ and instrument maker.

4. New things that are made or _____ are called inventions.

C **Complete the words and answer the question.**

1. to come out of an egg

   h _ _ _ _ _

2. thin material that you write or draw on

   p _ _ _ _ _

3. not able to hear

   d _ _ _ _

4. a drawing showing all the parts of a machine

   p _ _ _

5. the creation of something

   i _ _ _ _ _ _ _ _ _ _

6. a lot of different kinds of things

   v _ _ _ _ _ _ _

What is the word in the colored boxes?

Review Grammar Test

A Choose the correct words.

1. Dinosaur skulls (*had* / *has*) large holes.

2. There are life science, Earth (*and* / *but*) space science, material science, etc.

3. They (*study* / *studies*) English in the university.

4. Science (*begin* / *begins*) with problems.

B Correct the underlined words and then rewrite the sentences.

1. Earth <u>moved</u> around the sun.

2. People <u>carries</u> out experiments to test their ideas.

3. The wheel <u>were</u> first used in Mesopotamia.

Social Studies

UNIT 07

Social Studies

South America

🎧 Listen and check ☑ what you already know.

① The Amazon River is the second-longest river in the world. ☐

Reading Focus

- Where are the Andes Mountains?
- What is the longest river in the world?

② South America is the fourth-largest continent. ☐

Vocabulary

- ✓ continent
- ✓ western
- ✓ run
- ✓ spine
- ✓ river
- ✓ flow
- ✓ west
- ✓ east

the Andes

South America 🎧

The fourth-largest continent is South America.

The Andes Mountains on the western side of the continent are the longest mountain chain in the world. They run from north to south like a spine.

The Amazon River cuts through the South American continent as it flows from west to east. It is the second-longest river in the world after the Nile.

Comprehension Checkup

A **Choose the best answers.**

1. **What is the passage mainly about?**

   a. where South America is located

   b. the longest river and mountain chain in the world

   c. a mountain and a river in South America

2. **What is the longest mountain chain in the world?**

   a. the Andes Mountains

   b. the Alps

   c. the Ural Mountains

3. **What is the fourth-largest continent?**

   a. Asia

   b. Europe

   c. South America

4. **In which directions do the Andes Mountains run?**

   a. from north to south

   b. from west to east

   c. from south to east

B **Select True or False.**

1. The Amazon River flows from north to south. ⋯⋯⋯⋯ T / F

2. The longest river in the world is the Nile. ⋯⋯⋯⋯ T / F

Vocabulary Focus

A **Match the words with their meanings.**

1.  continent •

   • a. the long row of bones down the center of your back

2. spine •

   • b. a long wide flow of water that goes into an ocean or lake

3.  flow •

   • c. a very large area of land that consists of several countries

4. river •

   • d. to move in a steady and continuous way

B **Choose the correct words to fill in the blanks.**

western	flows	longest	run

1. The Andes Mountains are on the _____ side of South America.

2. The Andes Mountains _____ from north to south like a spine.

3. The Amazon River _____ from west to east.

4. The Amazon River is the second-_____ river in the world.

Grammar Focus

Choose the correct words.

1. The Andes Mountains run (*from* / *after*) north to south (*at* / *like*) a spine.

2. The Amazon River flows from west (*to* / *for*) east.

3. The Amazon River is the second-longest river in the world (*in* / *after*) the Nile.

Summary

Fill in the blanks with the correct words to summarize the passage.

| Andes | Amazon | fourth | second | continent |

The _____-largest _____ is South America.

The _____ Mountains are on the western side of

the continent. The _____ River cuts through

the South American continent. It is the _____-

longest river in the world.

UNIT 08
Social Studies
Antarctica

🎧 Listen and check ☑ what you already know.

① Antarctica is the windiest continent. ☐

Reading Focus

- Where is Antarctica?
- What is the weather like in Antarctica?

② Some scientists live at research stations in Antarctica. ☐

Vocabulary

- ✓ southernmost
- ✓ South Pole
- ✓ cover
- ✓ thick
- ✓ average
- ✓ windy
- ✓ consider
- ✓ desert
- ✓ human
- ✓ permanently

Antarctica 🎧

Antarctica is Earth's southernmost continent. It is at the South Pole and is the fifth-largest continent.

About 98% of Antarctica is covered with ice. This ice is at least 1.6 kilometers thick. Antarctica, on average, is the coldest, driest, and windiest continent. It is considered a desert. No humans live in Antarctica permanently. Only scientists who work at research stations live there.

Antarctica

Scientists in Antarctica

Comprehension Checkup

Ⓐ Choose the best answers.

1. What is the passage mainly about?

   a. how thick the ice is in Antarctica

   b. icy Antarctica and humans

   c. why Antarctica is considered a desert

2. What is the weather like in Antarctica?

   a. cold and rainy

   b. cold and windy

   c. sunny and windy

3. Which is not true about Antarctica?

   a. It is located at the South Pole.

   b. It is the fifth-largest continent in the world.

   c. People consider it a desert only in summer.

LEVEL UP! 4. What can you infer from the passage?

   a. There are lots of things to be studied in Antarctica.

   b. A researcher was the first human to live in Antarctica.

   c. The ice in Antarctica is thicker than the ice in the Arctic.

Ⓑ Select True or False.

1. Antarctica is located at the northern part of Earth. ······ T / F

2. Less than 90% of Antarctica is covered with ice. ········ T / F

Vocabulary Focus

A Match the words with their meanings.

1.  thick   •   • a. with a lot of wind

2. windy   •   • b. having a large distance between sides

3. desert   •   • c. a person

4. human   •   • d. a large area of dry land with little rain

B Choose the correct words to fill in the blanks.

> covered   southernmost   average   permanently

1. Antarctica is Earth's _____ continent.

2. About 98% of Antarctica is _____ with ice.

3. Antarctica, on _____, is the coldest and windiest continent.

4. No humans live in Antarctica _____.

Grammar Focus

Choose the correct words.

1. About 98% of Antarctica is (*covered* / *covers*) with ice.

2. Antarctica is (*consider* / *considered*) a desert.

3. The computer and the car were inventions when they were first (*make* / *made*).

Summary

Fill in the blanks with the correct words to summarize the passage.

| fifth | permanently | continent | ice | desert |

Antarctica is Earth's southernmost _____.

It is the _____-largest continent and is covered

with _____. Because of its weather, Antarctica is

considered a _____. No humans live in Antarctica

_____.

Australia

🎧 Listen and check ☑ what you already know.

① Much of Australia is desert. ☐

Reading Focus

- Why does Australia have the fewest people of all the continents except Antarctica?
- Why have some of Australia's animals developed only in Australia?

② Wild koalas are only found in Australia. □

Vocabulary

√ island

√ contain

√ partly

√ except

√ far from

√ develop

√ contact

Australia 🎧

The smallest continent is the island of Australia in the South Pacific. It is the only continent that contains just one nation. Partly because so much of it is desert, Australia has the fewest people of all the continents except Antarctica.

koala bear

Australia is far from all the other continents. This has made its animals develop without contact from animals in other parts of the world.

Cairns
Townsville
Brisbane
Perth
Adelaide
Newcastle
Sydney
Albury
Canberra
Melbourne

Comprehension Checkup

A Choose the best answers.

1. **What is the passage mainly about?**

   a. facts and the location of Australia

   b. people who live in Australia

   c. Australia and its animals

2. **Where is the continent of Australia?**

   a. in the South Pacific

   b. in the North Pacific

   c. at the South Pole

3. **Which is true about Australia?**

   a. It is surrounded by oceans.

   b. It is in the North Pacific.

   c. It is the second-smallest continent in the world.

LEVEL UP! 4. **What can you infer from the passage?**

   a. Australians don't like moving to other continents.

   b. Going abroad with animals is not allowed in Australia.

   c. The location of continents influences the development of animals.

B Select True or False.

1. Australia has the fewest people of all the continents. ···· T / F

2. Much of Australia is desert. ········· T / F

Vocabulary Focus

A Match the words with their meanings.

1. island

   a. not including

2. except

   b. to grow and change

3. far from

   c. a long distance away

4. develop

   d. a piece of land that is surrounded by water

B Choose the correct words to fill in the blanks.

contains	smallest	contact	far

1. The _____ continent is the island of Australia in the South Pacific.

2. Australia is the only continent that _____ just one nation.

3. Australia is _____ from all the other continents.

4. Animals in Australia have developed without _____ from animals in other parts of the world.

Grammar Focus

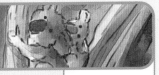

many / much

Choose the correct words.

1. Much of Australia (*are* / *is*) desert.

2. Much of the house (*were* / *was*) dirty.

3. Many of the students (*is* / *are*) absent.

Summary

Fill in the blanks with the correct words to summarize the passage.

| far | smallest | developed | fewest | nation |

Australia is the _____ continent and it has just

one _____. Australia has the _____ people of

all the continents except Antarctica. Australia is

_____ from the other continents, so some of its

animals have _____ only in there.

America's Past

🎧 Listen and check ☑ what you already know.

① Columbus landed in North America. ☐

② Explorers came to America from Europe. ☐

Vocabulary

- ✓ Native American
- ✓ explorer
- ✓ early
- ✓ sail
- ✓ land
- ✓ arrive

America's Past 🎧

Native Americans were the first people to live in America.

Many years later, explorers came to America from Europe. One early explorer was Christopher Columbus (1451~1506).

Columbus sailed from Spain. While sailing, he thought he was going to the continent of Asia. But he landed in North America. He did not know that.

After Columbus arrived, explorers from other countries traveled to America.

Christopher Columbus

sailing to the New World

Comprehension Checkup

A **Choose the best answers.**

1. **What is the passage mainly about?**

    a. who Native Americans were

    b. explorers discovering America

    c. the life of Christopher Columbus

2. **Where did Columbus think he had landed?**

    a. in Asia

    b. in North America

    c. in Spain

3. **What happened after Columbus arrived?**

    a. The number of Native Americans increased.

    b. Explorers from many countries traveled to America.

    c. His sailors moved back to their countries.

LEVEL UP! 4. **What can you infer from the passage?**

    a. Columbus thought Asia was the biggest continent.

    b. Native Americans welcomed European explorers.

    c. In those days, many people wanted to explore the new world.

B **Select True or False.**

1. The first people to live in America were the
   Native Americans. · · · · · · · **T / F**

2. Columbus was an explorer who landed in America. · · · · **T / F**

A Match the words with their meanings.

1.  Native American •

     • **a.** to travel on water in a sailboat

2. explorer •

     • **b.** the first groups of people living in America

3.  sail •

     • **c.** to arrive somewhere in a plane, boat, etc.

4.  land •

     • **d.** someone who travels to unknown places

B Choose the correct words to fill in the blanks.

| continent | landed | sailed | Explorers |

1. _____ came to America from Europe.

2. Columbus _____ from Spain.

3. While sailing, Columbus thought he was going to the _____ of Asia.

4. Columbus _____ in North America.

Grammar Focus

Choose the correct words.

1. Many years later, (*explore* / *explorers*) came to America from Europe.

2. (*Write* / *Writers*) can invent characters.

3. (*Farm* / *Farmers*) used horses and plows to plant their crops.

Summary

Fill in the blanks with the correct words to summarize the passage.

Spain	first	explorers	landed	America

Native Americans were the _____ people to live

in _____ . Many years later, _____ came to

America from Europe. Columbus sailed from _____

and _____ in North America.

The Pilgrims

🎧 Listen and check ☑ what you already know.

① The Pilgrims left England because of religious differences. ☐

Reading Focus

- Why did the Pilgrims leave England?
- What is Plymouth?

② The Pilgrims traveled on the Mayflower. ☐

Vocabulary

✓ Pilgrim
✓ travel
✓ ship
✓ religious
✓ difference
✓ colony
✓ Plymouth
✓ rule
✓ colonist

the Pilgrims

The Pilgrims 🎧

The Pilgrims were a group of people who traveled from England to America on a ship called the *Mayflower*.

The Pilgrims left England because of religious differences with the Church of England.

The Pilgrims built a colony called Plymouth. A colony is a place ruled by another country. Plymouth was ruled by England. A person who lives in a colony is called a colonist.

Comprehension Checkup

A **Choose the best answers.**

1. **What is the passage mainly about?**

   a. the *Mayflower*

   b. religious differences

   c. the Pilgrims and their colony

2. **Who were the Pilgrims?**

   a. a group of people who traveled from America to England

   b. a group of people who left England because of religious differences

   c. a group of people who ruled England

3. **Where did the Pilgrims go from England?**

   a. Asia

   b. Australia

   c. America

4. **What is a colony?**

   a. a place for churches

   b. a place ruled by another country

   c. a place for the Pilgrims

B **Select True or False.**

1. The Pilgrims traveled on the *Mayflower*. ⋯⋯⋯ T / F

2. A colonist is a person who lives in a colony. ⋯⋯⋯ T / F

Vocabulary Focus

A **Match the words with their meanings.**

1.

   a. to go from one place to another

2.

   b. to control a country, area, etc.

3.

   c. relating to religion

4.

   d. a large boat that carries people and things

B **Choose the correct words to fill in the blanks.**

> differences   Pilgrims   colonist   colony

1. The _____ traveled from England to America on a ship called the *Mayflower*.

2. The Pilgrims left England because of religious _____.

3. A person who lives in a colony is called a _____.

4. A _____ is a place ruled by another country.

Grammar Focus

from A to B

Choose the correct words from the box, and fill in the blanks.

to	from	of	by	for

1. The Pilgrims were a group of people who traveled _____ England _____ America on a ship called the *Mayflower*.

2. Many explorers came to America _____ Europe.

3. I study English _____ seven _____ nine.

Summary

Fill in the blanks with the correct words to summarize the passage.

colony	traveled	country	ship	ruled

The Pilgrims _____ from England to America

on a _____ called the *Mayflower*. The Pilgrims

built a _____ called Plymouth. A colony is

a place ruled by another _____. Plymouth was

_____ by England.

UNIT 12

Social Studies

Slavery

🎧 Listen and check ☑ what you already know.

① In the United States, many states allowed slavery. ☐

Reading Focus

- What is slavery?
- What caused the American Civil War?

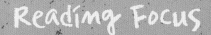

② After the American Civil War, slavery became against the law. ☐

Vocabulary

- ✓ law
- ✓ allow
- ✓ slavery
- ✓ freedom
- ✓ pay
- ✓ against

Slavery 🎧

In the United States of America, many states had laws that allowed slavery. Slavery is the practice of people owning slaves. Many slaves had to work without freedom or pay. There were many people, including Abraham Lincoln, in the northern part of the United States who wanted laws against slavery. On the other hand, many people in the southern part wanted to keep slavery. There was a war between them called the American Civil War. After the war ended in 1865, slavery became against the law.

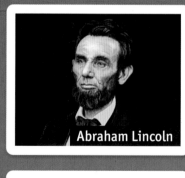
Abraham Lincoln

the American Civil War

Comprehension Checkup

A **Choose the best answers.**

1. **What is the passage mainly about?**

    a. slavery and the American Civil War

    b. laws against slavery

    c. laws for slavery

2. **What happened after the American Civil War?**

    a. Slavery restarted.

    b. Slavery was allowed.

    c. Slavery became against the law.

3. **Who was against slavery?**

    a. many people in the northern part of the United States

    b. many people in the southern part of the United States

    c. all people in the United States

LEVEL UP! 4. **What can you infer from the passage?**

    a. People in the southern part were very rich.

    b. People in the northern part thought freedom was important.

    c. People in the northern part had nothing to do with slaves.

B **Select True or False.**

1. Many people in the southern part of the United States wanted slavery.   T / F

2. The American Civil War began in 1865.   ⋯ T / F

A Match the words with their meanings.

1. allow •

• a. money you get for work you have done

2. law •

• b. the state of being free

3. pay •

• c. the set of rules made by the government

4. freedom •

• d. to say that someone can do something

B Choose the correct words to fill in the blanks.

| against | allowed | Slavery | laws |

1. Many states in the United States had laws that _____ slavery.

2. _____ is the practice of people owning slaves.

3. Many people in the northern part of the United States wanted _____ against slavery.

4. After the American Civil War ended, slavery became _____ the law.

Grammar Focus

Preposition *against*

Choose the correct words.

1. Many people in the northern part of the United States wanted laws (*against* / *between*) slavery.

2. After the American Civil War ended in 1865, slavery became (*by* / *against*) the law.

3. Studying hard is not (*at* / *against*) the classroom rule.

Summary

Fill in the blanks with the correct words to summarize the passage.

| work | law | allowed | slavery | freedom |

In the United States, many states had laws that

_____ slavery. Many slaves had to _____

without _____ or pay. However, after the American

Civil War, _____ became against the _____ .

Review Vocabulary Test

A Write the correct words and the meanings in Korean.

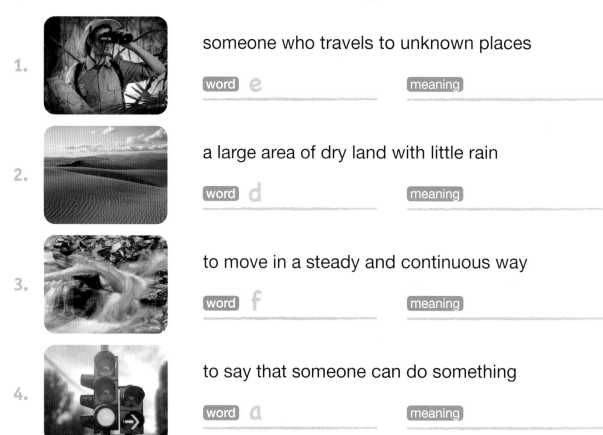

1. someone who travels to unknown places

   word e _____   meaning _____

2. a large area of dry land with little rain

   word d _____   meaning _____

3. to move in a steady and continuous way

   word f _____   meaning _____

4. to say that someone can do something

   word a _____   meaning _____

B Choose the correct words to fill in the blanks.

contains	Slavery	colony	western

1. The Pilgrims built a _____ called Plymouth.

2. Australia is the only continent that _____ just one nation.

3. The Andes Mountains are on the _____ side of South America.

4. _____ is the practice of people owning slaves.

C **Write the correct words in the blanks. Then circle those words in the puzzle.**

1. relating to religion: r _____
2. to grow and change: d _____
3. the state of being free: f _____
4. to travel on water in a sailboat: s _____
5. having a large distance between sides: t _____
6. a large boat that carries people and things: s _____
7. the long row of bones down the center of your back: s _____

i	p	q	r	f	c	w	y
y	r	r	t	r	e	z	s
u	d	e	v	e	l	o	p
p	a	l	f	e	l	n	i
t	t	i	i	d	v	u	n
c	h	g	l	o	e	m	e
y	r	i	g	m	t	b	w
r	a	o	c	w	u	g	t
s	n	u	l	k	n	r	s
w	z	s	z	s	h	i	p

A Choose the correct words.

1. His voice is melodic (*like* / *likes*) a jazz song.

2. After the American Civil War ended, slavery became (*against* / *to*) the law.

3. The Pilgrims traveled from England (*in* / *to*) America on a ship called the *Mayflower*.

4. Antarctica is (*considering* / *considered*) a desert.

B Correct the underlined words and then rewrite the sentences.

1. Many of Australia is desert.

   ➜

2. About 98% of Antarctica is covering with ice.

   ➜

3. Many years later, some explores came to America from Europe.

   ➜

Language Arts & Music

The Boy Who Cried Wolf

🎧 Listen and check ☑ what you already know.

① The shepherd boy kept playing jokes. ☐

② That made the villagers pay no attention. ☐

Reading Focus

- Why did the shepherd boy keep playing jokes?
- Why didn't the villagers come running when the wolf was killing many sheep?

Vocabulary

- √ shepherd
- √ flock
- √ bored
- √ protect
- √ warn
- √ attack
- √ panic
- √ guilty

The Boy Who Cried Wolf 🎧

There was once a shepherd boy who watched over a flock of sheep. Nearby in the woods lived a wolf that could eat the sheep. Alone all day, the boy grew bored. So, one day, he played a joke. "Wolf! Wolf!" he cried, and the villagers came running to protect the sheep. But, after finding out the boy was joking, they got angry. They went back to their work. But the boy played the joke again. Again, the villagers came running and warned the boy not to play jokes.

One day, a big wolf really did attack the sheep. Panicked, the boy cried, "Wolf! Wolf!" but this time, the villagers paid no attention to the boy's cries. The wolf killed many sheep, and the boy felt guilty.

Comprehension Checkup

A Choose the best answers.

1. **What is the story mainly about?**

   a. how to take care of sheep

   b. the result of playing too many jokes

   c. how to catch a wolf

2. **Why did the shepherd boy play jokes?**

   a. because he grew bored

   b. because he saw a wolf

   c. because he wanted to talk to the villagers

3. **Why did the villagers come running?**

   a. because they wanted to see a wolf

   b. because they wanted to play with the boy

   c. because they wanted to protect the sheep

4. **What happened when a big wolf really attacked the sheep?**

   a. The shepherd boy could not cry, "Wolf!"

   b. The shepherd boy protected the sheep.

   c. The shepherd boy cried, "Wolf!", but nobody helped him.

B Select True or False.

1. A shepherd boy was playing with a flock of sheep. ⋯⋯⋯⋯ T / F

2. The villagers killed the wolf and protected the sheep. ⋯⋯ T / F

A Match the words with their meanings.

1.  flock

   a. to tell someone that something bad might happen

2.  protect

   b. to try to hurt someone

3.  warn

   c. a group of sheep or birds

4.  attack

   d. to stop someone or something from being damaged

B Choose the correct words to fill in the blanks.

bored	guilty	protect	shepherd

1. There was once a _____ boy who watched over a flock of sheep.

2. Alone all day, the boy grew _____.

3. The villagers came running to _____ the sheep.

4. The wolf killed many sheep, and the boy felt _____.

Write the past forms of the verbs.

1. grow

2. cry

3. get

4. feel

5. warn

6. pay

Summary

Fill in the blanks with the correct words to summarize the story.

| villagers | attacked | warned | sheep | joke |

There was a shepherd boy who watched over a flock of

_____ . When the boy grew bored, he played a

_____ . He cried, "Wolf! Wolf!" and the villagers

came running. They _____ him not to play jokes.

One day, a big wolf _____ the sheep. The boy cried,

"Wolf! Wolf!" but this time, the _____ did not come.

The Maid and the Milk Pail

🎧 Listen and check ☑ what you already know.

① Peggy was on her way to sell milk.

② But she spilled the milk. ☐

Vocabulary

√ pail

√ hen

√ envy

√ toss

√ spill

√ disappear

The Maid and the Milk Pail 🎧

Peggy was a milkmaid. Early one morning, she left for the market with a pail of fresh milk on her head.

She was going to sell the milk. Walking along the road, she thought, 'With the money I make from this milk, I can buy some fat hens. The hens will lay fresh eggs. And they will hatch more chickens. Then, I'll sell them.

With the money, I can buy a blue dress and some blue ribbons. I will look so beautiful, and all the other girls will envy me. But I won't care. I'll just toss my head at them. Like this!' Forgetting about the pail of milk, Peggy tossed her head, and the milk spilled and disappeared on the dirt road. She returned home empty-handed.

Comprehension Checkup

A Choose the best answers.

1. **What is the story mainly about?**

   a. making money from selling milk

   b. making too many plans without getting any results

   c. spilling milk on a road

2. **How did Peggy carry the pail of milk?**

   a. She carried it in her arms.

   b. She carried it on her head.

   c. She carried it in her hands.

3. **Why did Peggy spill the milk?**

   a. because she tripped and fell

   b. because she hit somebody

   c. because she tossed her head

4. **What did Peggy bring home?**

   a. She returned home empty-handed.

   b. She brought milk back home.

   c. She returned home with some money.

B Select True or False.

1. Peggy left for the market with a pail of milk on her head. ·· T / F

2. Peggy spilled her milk, and it disappeared on the road. ··· T / F

Vocabulary Focus

A **Match the words with their meanings.**

1.  pail   •

    • **a.** a bucket

2. hen   •

    • **b.** to wish you had something that someone else has

3.  envy   •

    • **c.** a female chicken

4. spill   •

    • **d.** to come out of a container by accident

B **Choose the correct words to fill in the blanks.**

> hens   disappeared   buy   pail

1. Peggy left for the market with a _____ of fresh milk on her head.

2. Walking along the road, Peggy thought, 'I can _____ some fat hens.'

3. The _____ will lay fresh eggs.

4. The milk spilled and _____ on the dirt road.

104

Grammar Focus

on / with

Choose the correct words.

1. Peggy left for the market with a pail of fresh milk (*at* / *on*) her head.

2. (*To* / *With*) the money I make from this milk, I can buy some fat hens.

Summary

Fill in the blanks with the correct words to summarize the story.

> hatch   toss   money   pail   spilled

Peggy was a milkmaid. She carried a _____ of

milk to sell at the market. She thought, 'After making

_____ , I can buy some hens, let them _____

more chickens, and sell them. Then I can buy a dress!

I'll _____ my head at girls who envy me.'

However, she _____ the milk and returned with

nothing.

Melody and Rhythm

🎧 Listen and check ☑ what you already know.

- What is the melody?
- What is the rhythm?

② People can play rhythm by using instruments. □

Vocabulary

- ✓ melody
- ✓ note
- ✓ instrument
- ✓ rhythm
- ✓ length
- ✓ clap
- ✓ tap

Melody and Rhythm 🎧

When you sing a song, the part that you are singing is the melody. It is a group of notes. Melodies can be played on instruments, such as the piano or guitar.

Melodies have rhythm. Rhythm is the length of notes. It is what you play on the drums, clap with hands, or tap with toes while a song is playing.

playing the drums

clapping hands

tapping feet

Comprehension Checkup

A **Choose the best answers.**

1. **What is the passage mainly about?**

   a. how to sing well

   b. melodies from the piano or guitar

   c. two important factors of music

2. **What is melody?**

   a. It is the length of notes.

   b. It is the part that you sing.

   c. It is what you tap with toes.

3. **What is rhythm?**

   a. It is a group of notes.

   b. It is the length of notes.

   c. It is the part that you sing.

4. **Which is not a way to play rhythm?**

   a. tapping with toes

   b. listening to music

   c. clapping with hands

B **Select True or False.**

1. Melodies can be played with the piano. · · · · · · · · T / F

2. What you play on the drums is rhythm. · · · · · · · · T / F

Vocabulary Focus

A Match the words with their meanings.

1.  note •
   • a. something that you play to make music

2.  instrument •
   • b. the amount of time something lasts

3.  length •
   • c. to gently hit your fingers or feet against something

4.  tap •
   • d. a musical sound or the sign for that sound

B Choose the correct words to fill in the blanks.

Rhythm instruments clap melody

1. When you sing a song, the part that you are singing is the _____.

2. Melodies can be played on _____.

3. _____ is the length of notes.

4. Rhythm is what you _____ with hands while a song is playing.

Grammar Focus

Combine two sentences using 'while' like the example.

e.g. They arrived. We were having dinner.

→ They arrived while we were having dinner.

1. Tap with toes. A song is playing.

   →

2. He was doing homework. I was sleeping.

   →

Summary

Fill in the blanks with the correct words to summarize the passage.

| notes | melody | rhythm | played | piano |

You sing a _____. It is a group of _____.

Melodies can be played on instruments like the

_____. Melodies have _____ that is the length

of notes. Rhythm can be _____ on the drums.

Enjoying Music

🎧 Listen and check ☑ what you already know.

① There are many ways to enjoy music. ☐

Reading Focus

- How can people enjoy music?
- What do you do to enjoy music?

② People can enjoy music by learning to play instruments. □

Vocabulary

- ✓ enjoy
- ✓ listen
- ✓ concert
- ✓ mobile phone
- ✓ learn
- ✓ violin
- ✓ flute
- ✓ way

Enjoying Music 🎧

People can enjoy music by listening to it. They can go to concerts or listen to music through various devices, including TVs, computers, and mobile phones. People also can enjoy music by learning to play instruments, such as the piano, guitar, violin, and flute. People can learn to make music. Making music is not easy, but it is one way to enjoy music.

How to Enjoy Music

playing the violin

listening with a phone

playing the piano

playing the guitar

going to a concert

listening with a computer

Comprehension Checkup

A **Choose the best answers.**

1. **What is the passage mainly about?**

   a. how to enjoy music

   b. how to listen to music

   c. how to play instruments

2. **According to the passage, which is not a way to enjoy music?**

   a. buying instruments

   b. going to concerts

   c. learning to make music

3. **Why does the writer mention computers in the passage?**

   a. To suggest tools for making music

   b. To give an example of ways to listen to music

   c. To explain how to play instruments

LEVEL UP! 4. **What can you infer from the passage?**

   a. Making music is a challenging way to enjoy music.

   b. Pianos, guitars, violins, and flutes are easy to learn to play.

   c. Mobile phones are the most popular way to listen to music.

B **Select True or False.**

1. People can listen to music with computers. · · · · · · · T / F

2. Making music is the only way to enjoy music. · · · · · · · T / F

Vocabulary Focus

A Match the words with their meanings.

1. listen •
   • a. to like doing or watching something

2. enjoy •
   • b. to gain knowledge or skill

3. learn •
   • c. to pay attention to a sound that you can hear

4.  way •
   • d. how you do something

B Choose the correct words to fill in the blanks.

concerts	way	learn	mobile phones

1. People can go to _____ to enjoy music.

2. People can listen to music through _____ .

3. People can _____ to play instruments.

4. Making music is not easy, but it is one _____ to enjoy music.

Grammar Focus

Choose the correct words.

1. Making music (*are* / *is*) not easy.

2. Eating fast food (*is* / *are*) not good for your health.

3. Driving on the icy road (*were* / *was*) dangerous.

Summary

Fill in the blanks with the correct words to summarize the passage.

make	play	listening	way	enjoy

People can enjoy music by _____ to it. People also

can _____ music by learning to _____

instruments. People can learn to _____ music.

Making music is another _____ to enjoy music.

Review Vocabulary Test

A Write the correct words and the meanings in Korean.

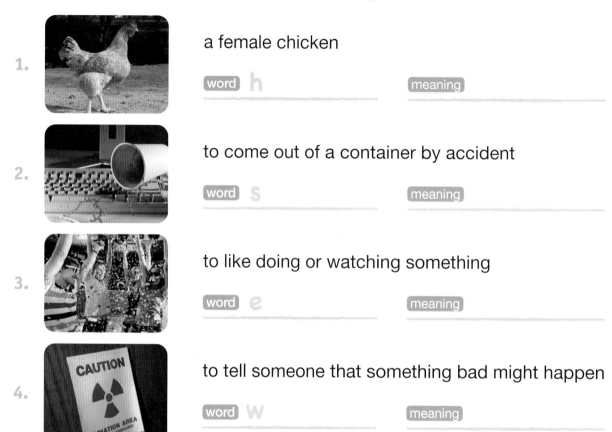

1. a female chicken

   word h _____   meaning _____

2. to come out of a container by accident

   word s _____   meaning _____

3. to like doing or watching something

   word e _____   meaning _____

4. to tell someone that something bad might happen

   word w _____   meaning _____

B Choose the correct words to fill in the blanks.

| melody   shepherd   learning   disappeared |

1. The milk spilled and _____ on the dirt road.

2. People can enjoy music by _____ to play instruments.

3. There was once a _____ boy who watched over a flock of sheep.

4. When you sing a song, the part that you are singing is the _____ .

C Complete the words and answer the question.

1. a bucket

   p _ _ _ _

2. something that you play to make music

   i _ _ _ _ _ _ _ _ _ _

3. a musical sound or the sign for that sound

   n _ _ _

4. to pay attention to a sound that you can hear

   l _ _ _ _ _

5. to wish you had something that someone else has

   e _ _ _ _

6. a group of sheep or birds

   f _ _ _ _

7. the amount of time something lasts

   l _ _ _ _ _ _

. . . .

What is the word in the colored boxes?

Review Grammar Test

A **Choose the correct words.**

1. Tap with toes (*but* / *while*) a song is playing.

2. The villagers (*payed* / *paid*) no attention to the boy's cries.

3. Peggy left for the market with a pail of milk (*in* / *on*) her head.

4. Eating fast food (*are* / *is*) not good for your health.

B **Correct the underlined words and then rewrite the sentences.**

1. Alone all day, the boy <u>growed</u> bored.

   →

2. Making music <u>are</u> not easy, but it is one way to enjoy music.

   →

3. <u>On</u> the money I make from this milk, I can buy some fat hens.

   →

Visual Arts & Math

Tahitian Landscape

🎧 Listen and check ☑ what you already know.

① Paul Gauguin once lived in Tahiti. ☐

Reading Focus

- Who was Paul Gauguin?
- What are warm colors?

② Warm colors make us feel the warmth of the sun. ☐

Vocabulary

- ✓ landscape
- ✓ bright
- ✓ intention
- ✓ warmth
- ✓ tropical
- ✓ scenery
- ✓ painting
- ✓ point

Tahitian Landscape 🎧

How do you feel while looking at this painting?

In Paul Gauguin's *Tahitian Landscape*, he used very bright

and warm colors, such as red, yellow, and orange.

Can you feel his intention?

He wanted to make us feel the warmth of the sun and imagine

the tropical scenery. Now look at the Gauguin's painting again.

Then point at all the bright and warm colors you can find.

Comprehension Checkup

A Choose the best answers.

1. **What is the passage mainly about?**

   a. Paul Gauguin and his life

   b. great scenery

   c. one of Paul Gauguin's works

2. **What did Gauguin want to do by using bright and warm colors?**

   a. He wanted to make us feel the warmth of the sun.

   b. He wanted to make us feel his pain.

   c. He wanted to make us point at warm colors.

3. **Why does the writer mention yellow in the passage?**

   a. to show the colors Gauguin liked

   b. to show the favorite color of Tahitians

   c. to give an example of a warm color in the painting

LEVEL UP! 4. **What can you infer from the passage?**

   a. Gauguin lived in Tahiti for a long time.

   b. Gauguin used warm colors more often than cool colors in his paintings.

   c. Gauguin thought warm colors were perfect for expressing the landscapes of Tahiti.

B Select True or False.

1. In *Tahitian Landscape*, Gauguin used cool colors. · · · · · · T / F

2. Gauguin drew the sun and tropical scenery. · · · · · · · T / F

Vocabulary Focus

A Match the words with their meanings.

1.
landscape •

    • **a.** the state of being slightly hot

2.
warmth •

    • **b.** the view across an area of land

3.
bright •

    • **c.** to direct with your finger

4.
point •

    • **d.** having a lot of light or shining

B Choose the correct words to fill in the blanks.

Point	intention	scenery	painting

1. How do you feel while looking at this _____ ?

2. Can you feel his _____ ?

3. He wanted to make us imagine the tropical _____ .

4. _____ at all the bright and warm colors you can find.

126

Grammar Focus

Questions with *can*

Change the sentences like the example.

e.g. You can do it. → Can you do it?

1. You can feel his intention. →

2. You can help me. →

3. You can walk to school. →

Summary

Fill in the blanks with the correct words to summarize the passage.

tropical	painting	orange	warm	feel

In *Tahitian Landscape*, Gauguin used bright and

_____ colors, such as red, yellow, and _____ .

He wanted to make us _____ the warmth of the

sun and imagine the _____ scenery. Can you find

all the bright and warm colors in this _____ ?

Blue Atmosphere

🎧 Listen and check ☑ what you already know.

① Some paintings don't show people, places, or things. ☐

② There are no people or things in *Blue Atmosphere*. ☐

Reading Focus

- Have you seen paintings that don't show people, places, or things?
- Who was Helen Frankenthaler?

Vocabulary

- ✓ artist
- ✓ include
- ✓ atmosphere
- ✓ made up of
- ✓ fiery
- ✓ push

Blue Atmosphere 🎧

Some artists only use colors in their paintings, without including people, places, or things.

Helen Frankenthaler's *Blue Atmosphere* does this.

It is a painting made up only of colors.

Though the artist called this painting

Blue Atmosphere, there is a lot of red

in it. The fiery red seems to be pushing

back the cool and deep blue. What

name would you give this painting?

Comprehension Checkup

A **Choose the best answers.**

1. **What is the passage mainly about?**

   a. *Blue Atmosphere* being made up only of colors

   b. people in *Blue Atmosphere*

   c. red and deep blue

2. **Which is true about *Blue Atmosphere*?**

   a. There are people in the painting.

   b. There are green houses in the painting.

   c. There are only colors in the painting.

3. **What colors are there in the painting?**

   a. green and blue

   b. red and blue

   c. white and blue

LEVEL UP! 4. **What can you infer about Helen Frankenthaler from the passage?**

   a. She preferred blue to red.

   b. She wanted to show the difference between two main colors.

   c. She was not good at drawing the shape of people.

B **Select True or False.**

1. *Blue Atmosphere* is made up only of colors. ········ T / F

2. There is no red in this painting. ········ T / F

A Match the words with their meanings.

1. **include**

    a. the feeling that a place or situation gives you

2. **atmosphere**

    b. to press against with force

3. **push**

    c. to have or contain

4. **fiery**

    d. very bright in color, like a fire

B Choose the correct words to fill in the blanks.

pushing	painting	including	red

1. Some artists only use colors in their paintings, without _____ people, places, or things.

2. *Blue Atmosphere* is a _____ made up only of colors.

3. In *Blue Atmosphere*, there is a lot of _____.

4. The fiery red seems to be _____ back the blue.

132

Grammar Focus

Choose the correct words.

1. (*How* / *What*) name would you give this painting?

2. (*What* / *When*) time is it now?

3. (*Where* / *What*) season do you like?

Summary

Fill in the blanks with the correct words to summarize the passage.

| use | red | colors | blue | Atmosphere |

Some artists only _____ colors in their paintings.

Helen Frankenthaler's *Blue* _____ is made up only

of _____ . There is a lot of _____ in it.

The red seems to be pushing back the _____ .

Subtraction

🎧 Listen and check ☑ what you already know.

① Among six apples, two are eaten. Four apples are left. ☐

Reading Focus

- What is subtraction?
- What does 'take away' mean in subtraction?

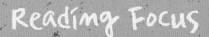

② Subtraction means taking one number away from another. ☐

Vocabulary

- ✓ subtraction
- ✓ take away
- ✓ left
- ✓ write
- ✓ minus
- ✓ equal
- ✓ subtract
- ✓ say

Subtraction ∩

Subtraction is taking one number away from another.

There are 5 glasses of milk. You take 2 glasses away.

How many glasses are left?

We write this problem: 5−2=3. It can be written: Five minus two equals three. The '−' sign shows that you are subtracting.

You can also say, "Five take away two is three."

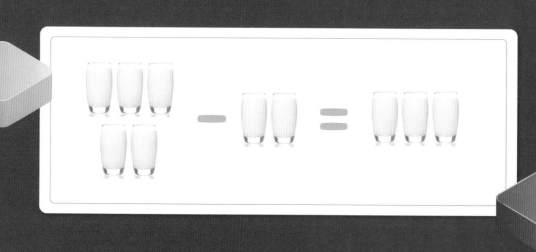

Ⓐ Choose the best answers.

1. **What is the passage mainly about?**

   a. subtraction and addition

   b. subtraction and how to say it

   c. how to learn subtraction

2. **What does subtraction mean?**

   a. taking one number away from another

   b. adding numbers together

   c. counting numbers

3. **How can 7−3=4 be written?**

   a. Seven minus four equals three.

   b. Seven take away three is four.

   c. Three plus four equals seven.

4. **What does the '−' sign show?**

   a. You are adding.

   b. You are subtracting.

   c. You are multiplying.

Ⓑ Select True or False.

1. When a number is taken away, it is called subtraction. · · · T / F

2. 'Five plus two equals three.' can also be written 5−2=3. T / F

A Match the words with their meanings.

1.  say •

   • **a.** to put words on a piece of paper with a pen etc.

2.  write •

   • **b.** to speak words

3.  subtract •

   • **c.** to be exactly the same

4.  equal •

   • **d.** to take one number away from another

B Choose the correct words to fill in the blanks.

| written | subtracting | number | take away |

1. Subtraction is taking one _____ away from another.

2. 5−2=3 can be _____ : Five minus two equals three.

3. The '−' sign shows that you are _____ .

4. 5−2=3 can also be written: Five _____ two is three.

Grammar Focus

how many / how much

Correct the underlined words and then rewrite the sentences.

1. How <u>much</u> glasses are left?

   →

2. How <u>many</u> money do you want?

   →

3. How <u>many</u> water did you drink?

   →

* Check **Answer Key** for further explanation.

Summary

Fill in the blanks with the correct words to summarize the passage.

written	take away	equals	number

Subtraction is taking one _____ away from

another. 5−2=3 can be _____ : Five minus two

_____ three, or five _____ two is three.

Differences

🎧 Listen and check ☑ what you already know.

② Differences can be found after subtraction. ☐

Reading Focus

- What is a difference?
- Which signs are used to compare differences?

Differences 🎧

A difference between two numbers is how much bigger one number is than the other. The number you have left after subtraction is called the difference. So the difference of 7−3 is 4. What is the difference of 4−3? It is 1 because 4 minus 3 equals 1. The '>', '<', and '=' signs can be used to compare differences as well as sums.

Comprehension Checkup

A Choose the best answers.

1. **What is the passage mainly about?**

   a. the difference between two numbers

   b. how to subtract

   c. the signs for differences

2. **What do you call the number you have left after subtraction?**

   a. a sum

   b. an addition

   c. a difference

3. **What is the difference of 10−4?**

   a. seven

   b. six

   c. fourteen

4. **When can the '>' and '<' signs be used?**

   a. when adding numbers

   b. when subtracting numbers

   c. when comparing differences

B Select True or False.

1. The difference of 9−4 is six. ⋯⋯⋯⋯ T / F

2. 'Eight > seven' is correct. ⋯⋯⋯⋯ T / F

A **Match the words with their meanings.**

1.

   a. in the position that separates two things

2.

   b. the second of two things

3.

   c. the total when two or more numbers are added together

4.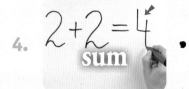

   d. a mark or shape that has a particular meaning

B **Choose the correct words to fill in the blanks.**

difference   equals   compare   subtraction

1. The number you have left after _____ is called the difference.

2. The _____ of 7–3 is 4.

3. 4 minus 3 _____ 1.

4. The '>', '<', and '=' signs can be used to _____ differences as well as sums.

Change the sentences like the example.

> **e.g.** His name is John. → What is his name?

1. The difference of 4−3 is 1. →

2. The score is 3 to 2. →

3. The title is *Love*. →

* Check **Answer Key** for further explanation.

Summary

Fill in the blanks with the correct words to summarize the passage.

> subtraction   difference   compare   left   sums

After ＿＿＿＿＿, you can get a number ＿＿＿＿＿,

which is a difference. The ＿＿＿＿＿ of 7−3 is 4.

You can use the '>', '<', and '=' signs to ＿＿＿＿＿

differences and ＿＿＿＿＿.

Review Vocabulary Test

A Write the correct words and the meanings in Korean.

1.

to be exactly the same

`word`   _____ `meaning` _____

2.

the view across an area of land

`word` l _____ `meaning` _____

3.

the feeling that a place or situation gives you

`word` a _____ `meaning` _____

4.

a mark or shape that has a particular meaning

`word` s _____ `meaning` _____

B Choose the correct words to fill in the blanks.

> **warmth**   **painting**   **difference**   **written**

1. The _____ of 7−3 is 4.

2. Gauguin wanted to make us feel the _____ of the sun.

3. 5−2=3 can be _____ : Five minus two equals three.

4. *Blue Atmosphere* is a _____ made up only of colors.

C Write the correct words in the blanks. Then circle those words in the puzzle.

1. very bright in color, like a fire: f_____

2. to press against with force: p_____

3. having a lot of light or shining: b_____

4. in the position that separates two things: b_____

5. to put words on a piece of paper with a pen etc.: w_____

6. to speak words: s_____

s	c	f	i	e	r	y	d
u	r	s	q	k	e	q	p
b	e	t	w	e	e	n	a
t	r	v	w	y	l	m	i
r	t	i	i	r	q	e	n
s	c	z	g	o	i	s	t
a	p	u	s	h	p	t	y
y	e	y	o	n	t	i	e

Review Grammar Test

Ⓐ Choose the correct words.

1. How (*many* / *much*) glasses are left?

2. (*When* / *What*) subject do you like?

3. (*What* / *How*) does the '−' sign mean?

4. Can you (*help* / *helping*) me?

Ⓑ Correct the underlined words and then rewrite the sentences.

1. <u>Who</u> is the difference of 4−3?

   →

2. Can you <u>felt</u> his intention?

   →

3. How <u>many</u> water do you need?

   →

11 The Pilgrims

☐☐ **Pilgrim** 명 순례자

☐☐ **group** 명 무리

☐☐ **travel** 동 이주하다, 여행하다

☐☐ **ship** 명 배

☐☐ **leave** 동 떠나다

☐☐ **because of** 전 ~ 때문에

☐☐ **religious** 형 종교적인

☐☐ **difference** 명 차이

☐☐ **church** 명 교회

☐☐ **build** 동 짓다, 건설하다

☐☐ **colony** 명 식민지

☐☐ **Plymouth** 명 플리머스 (미국 매사추세츠주의 도시)

☐☐ **rule** 동 지배하다, 통치하다

☐☐ **person** 명 사람

☐☐ **colonist** 명 식민지 주민

10 America's Past

☐☐ **Native American** 명 아메리카 원주민

☐☐ **first** 형 최초의

☐☐ **people** 명 사람들

☐☐ **later** 부 그 후에, 나중에

☐☐ **explorer** 명 탐험가

☐☐ **come** 동 (~쪽으로) 오다

☐☐ **early** 형 초기의

☐☐ **sail** 동 항해하다

☐☐ **while** 접 ~하는 동안에

☐☐ **think** 동 생각하다

☐☐ **continent** 명 대륙

☐☐ **land** 동 상륙하다

☐☐ **know** 동 알다

☐☐ **arrive** 동 도착하다

☐☐ **country** 명 나라, 국가

접는선

☐☐☐	state	몡 주(州)
☐☐☐	law	몡 법
☐☐☐	allow	통 허락한다, 허가한다
☐☐☐	slavery	몡 노예 제도
☐☐☐	practice	몡 관행
☐☐☐	own	통 소유한다
☐☐☐	work	통 일한다
☐☐☐	freedom	몡 자유
☐☐☐	pay	몡 보수, 급료
☐☐☐	against	전 ~에 반대하여
☐☐☐	keep	통 유지한다
☐☐☐	war	몡 전쟁
☐☐☐	between	전 ~의 사이에
☐☐☐	American Civil War	몡 미국 남북 전쟁
☐☐☐	end	통 끝나다

☐☐☐	smallest	혱 가장 작은 (small의 최상급)
☐☐☐	island	몡 섬
☐☐☐	South Pacific	몡 남태평양
☐☐☐	only	혱 유일한
☐☐☐	contain	통 ~을 포함한다
☐☐☐	nation	몡 국가, 나라
☐☐☐	partly	閂 부분적으로, 어느 정도는
☐☐☐	desert	몡 사막
☐☐☐	fewest	혱 가장 작은 (few의 최상급)
☐☐☐	except	전 ~을 제외하고
☐☐☐	far from	~에서 멀리 떨어진
☐☐☐	develop	통 발달하다, 진화하다
☐☐☐	without	전 ~ 없이
☐☐☐	contact	몡 접촉
☐☐☐	part	몡 지역

☐☐ shepherd 명 양치기

☐☐ watch over ~을 지키다

☐☐ flock 명 떼, 무리

☐☐ wood(s) 명 숲

☐☐ bored 형 지루한, 따분한

☐☐ play a joke 장난을 치다

☐☐ cry 동 소리치다 명 고함, 외침

☐☐ villager 명 마을 사람

☐☐ protect 동 보호하다

☐☐ find out 발견하다, 알게 되다

☐☐ warn 동 경고하다, 주의를 주다

☐☐ attack 동 공격하다, 습격하다

☐☐ panic 동 겁에 질리다, 허둥대다

☐☐ pay attention to ~에 주의를 기울이다

☐☐ guilty 형 죄책감이 드는

☐☐ Antarctica 명 남극 대륙

☐☐ southernmost 형 최남단의

☐☐ South Pole 명 남극

☐☐ fifth 형 다섯 번째의

☐☐ cover 동 덮다

☐☐ at least 적어도, 최소한

☐☐ thick 형 두꺼운

☐☐ average 명 평균

☐☐ driest 형 가장 건조한 (dry의 최상급)

☐☐ windiest 형 가장 바람이 많이 부는 (windy의 최상급)

☐☐ consider 동 여기다, 생각하다

☐☐ desert 명 사막

☐☐ permanently 부 영구적으로

☐☐ research station 명 연구소

☐☐ live 동 살다, 거주하다

□□□	milkmaid	명 우유 짜는 소녀
□□□	leave for	통, 양동이 ~을 향해 떠나다
□□□	pail	명 통, 양동이
□□□	fat	형 살찐, 통통한
□□□	hen	명 암탉
□□□	hatch	통 부화시키다
□□□	envy	통 부러워하다
□□□	care	통 신경쓰다
□□□	toss	통 (고개를) 홱 젖히다
□□□	forget	통 잊다
□□□	spill	통 쏟아지다, 엎질러지다
□□□	disappear	통 사라지다
□□□	dirt	명 흙
□□□	return	통 돌아오다, 돌아가다
□□□	empty-handed	형 빈손인

□□□	fourth	형 네 번째의
□□□	continent	명 대륙
□□□	western	형 서쪽에 위치한
□□□	longest	형 가장 긴 (long의 최상급)
□□□	run	통 이어지다
□□□	north	명 북쪽
□□□	south	명 남쪽
□□□	spine	명 척추, 등뼈
□□□	river	명 강
□□□	cut	통 나누다, 구분 짓다
□□□	flow	통 흐르다
□□□	west	명 서쪽
□□□	east	명 동쪽
□□□	second	형 두 번째의
□□□	after	전 ~의 다음에

15 Melody and Rhythm

- sing 동 노래하다
- song 명 노래
- melody 명 멜로디
- note 명 음
- play 동 연주하다
- instrument 명 악기
- such as ~와 같은
- guitar 명 기타
- rhythm 명 리듬
- length 명 길이
- drum 명 드럼
- clap 동 박수를 치다
- tap 동 (가볍게) 두드리다
- toe 명 발가락
- while 접 ~하는 동안에

접는선

06 Inventions

- create 동 창조하다
- call 동 부르다
- invention 명 발명품
- first 부 처음으로
- idea 명 아이디어
- also 부 또한
- writer 명 작가
- invent 동 창작하다, 지어내다
- character 명 등장인물
- write 동 쓰다, 적다
- story 명 이야기
- easier 형 더 편리한 (easy의 비교급)
- wheel 명 바퀴
- use 동 사용하다
- paper 명 종이

UNIT 16 Enjoying Music

			단어		뜻
☐	☐	☐	enjoy	동	즐기다
☐	☐	☐	listen	동	듣다
☐	☐	☐	concert	명	콘서트
☐	☐	☐	device	명	장치
☐	☐	☐	mobile phone	명	휴대폰
☐	☐	☐	also	부	또한
☐	☐	☐	learn	동	배우다
☐	☐	☐	play	동	연주하다
☐	☐	☐	instrument	명	악기
☐	☐	☐	such as		~와 같은
☐	☐	☐	violin	명	바이올린
☐	☐	☐	flute	명	플루트
☐	☐	☐	make	동	만들다
☐	☐	☐	easy	형	쉬운
☐	☐	☐	way	명	방법

UNIT 05 Isaac Newton and Thomas Edison

			단어		뜻
☐	☐	☐	physicist	명	물리학자
☐	☐	☐	mathematician	명	수학자
☐	☐	☐	study	동	연구하다
☐	☐	☐	force	명	힘
☐	☐	☐	light	명	빛
☐	☐	☐	realize	동	~을 깨닫다
☐	☐	☐	orbit	명	궤도
☐	☐	☐	gravity	명	중력
☐	☐	☐	suffer	동	고통받다
☐	☐	☐	scarlet fever	명	성홍열
☐	☐	☐	deaf	형	청력을 잃은
☐	☐	☐	however	부	그러나
☐	☐	☐	including	전	~을 포함하여
☐	☐	☐	long-lasting	형	오래 지속되는
☐	☐	☐	light bulb	명	전구

UNIT 17 Tahitian Landscape

- [ ] feel — 통 느끼다
- [ ] painting — 명 그림
- [ ] landscape — 명 풍경
- [ ] use — 통 사용하다
- [ ] bright — 형 밝은
- [ ] warm — 형 따뜻한
- [ ] intention — 명 의도
- [ ] want — 통 원하다
- [ ] warmth — 명 온기
- [ ] enjoy — 통 즐기다
- [ ] tropical — 형 열대 지방의
- [ ] scenery — 명 풍경
- [ ] look at — ~을 보다
- [ ] point — 통 (손가락 등으로) 가리키다
- [ ] find — 통 찾다, 발견하다

UNIT 04 Leonardo da Vinci and Galileo Galilei

- [ ] painter — 명 화가
- [ ] inventor — 명 발명가
- [ ] plan — 명 설계도
- [ ] helicopter — 명 헬리콥터
- [ ] airplane — 명 비행기
- [ ] parachute — 명 낙하산
- [ ] unfortunately — 부 불행하게도, 안타깝게도
- [ ] technology — 명 기술
- [ ] enough to — ~할 만큼 충분한
- [ ] astronomer — 명 천문학자
- [ ] instrument — 명 기구
- [ ] prove — 통 입증하다, 증명하다
- [ ] solar — 형 태양의
- [ ] through — 전 ~을 통해
- [ ] telescope — 명 망원경

- □□□ artist   명 화가
- □□□ only   부 오직
- □□□ painting   명 그림
- □□□ without   전 ~하지 않고
- □□□ include   동 ~을 포함하다
- □□□ thing   명 물건, 사물
- □□□ atmosphere   명 분위기, 기운
- □□□ made up of   ~로 구성된
- □□□ though   접 ~이지만
- □□□ fiery   형 불타는 듯한
- □□□ seem   동 ~처럼 보이다
- □□□ push   동 밀어내다
- □□□ cool   형 시원한
- □□□ deep   형 (색이) 짙은
- □□□ give   동 주다

- □□□ scientist   명 과학자
- □□□ thinker   명 사상가, 사색가
- □□□ solve   동 풀다, 해결하다
- □□□ pose   동 (의문을) 제기하다
- □□□ invention   명 발명(품)
- □□□ discovery   명 발견
- □□□ history   명 역사
- □□□ course   명 과정
- □□□ change   동 ~을 바꾸다, 변화시키다
- □□□ recommend   동 추천하다, 권하다
- □□□ nature   명 자연
- □□□ carry out   실시하다, 실행하다
- □□□ experiment   명 실험
- □□□ test   동 ~을 시험하다
- □□□ influence   동 ~에 영향을 주다

☐☐☐	subtraction	명	뺄셈
☐☐☐	take away		(수를) 빼다, 제거하다
☐☐☐	number	명	숫자
☐☐☐	glass	명	유리잔, 컵
☐☐☐	milk	명	우유
☐☐☐	left	형	남은
☐☐☐	write	동	쓰다, 적다
☐☐☐	problem	명	문제
☐☐☐	minus	전	~을 뺀
☐☐☐	equal	동	같다
☐☐☐	sign	명	부호, 기호
☐☐☐	show	동	보여 주다
☐☐☐	subtract	동	(수를) 빼다
☐☐☐	also	부	또한
☐☐☐	say	동	말하다

☐☐	search	명	탐구, 조사
☐☐	truth	명	진리
☐☐	knowledge	명	지식
☐☐	understand	동	이해하다
☐☐	universe	명	우주
☐☐	variety	명	다양성
☐☐	discover	동	발견하다
☐☐	atom	명	원자
☐☐	tiny	형	작은
☐☐	object	명	물건, 물체
☐☐	make up		~을 구성하다
☐☐	mystery	명	신비, 불가사의
☐☐	space	명	우주
☐☐	physical science	명	자연 과학
☐☐	material science	명	재료 과학

접는선

20 Differences

☐☐☐	difference	명	[수학] 차
☐☐☐	between	전	~의 사이의
☐☐☐	bigger	형	더 큰 (big의 비교급)
☐☐☐	other	형	다른 하나
☐☐☐	left	형	남은
☐☐☐	subtraction	명	뺄셈
☐☐☐	so	접	그래서
☐☐☐	because	전	~때문에
☐☐☐	minus	전	~을 뺀
☐☐☐	equal	형	같다
☐☐☐	sign	명	부호, 기호
☐☐☐	use	동	사용하다
☐☐☐	compare	동	비교하다
☐☐☐	as well as		~뿐만 아니라 ~도
☐☐☐	sum	명	합계

01 Dinosaurs

☐☐☐	dinosaur	명	공룡
☐☐☐	limb	명	다리
☐☐☐	walk	동	걷다
☐☐☐	skull	명	두개골, 머리뼈
☐☐☐	hole	명	구멍
☐☐☐	lighter	형	더 가벼운 (light의 비교급)
☐☐☐	almost	부	거의
☐☐☐	as ~ as		...만큼 ~한
☐☐☐	lay	동	(알을) 낳다
☐☐☐	nest	명	둥지
☐☐☐	just like		~와 마찬가지로, ~처럼
☐☐☐	develop	동	발달하다, 성장하다
☐☐☐	until	전	~할 때까지
☐☐☐	be ready to		~할 준비가 되다
☐☐☐	hatch	동	부화하다

Word List 활용법

의미를 아는 단어에는 V 표시를 하세요.

표시되지 않은 단어들을 중심으로 학습한 후, 다시 한 번 V 표시를 하며 단어들을 숙지했는지 점검해 보세요.

* 본책과 분리하여 사용하세요. (점선을 따라 자른 후 받으로 접으면 책 형태의 단어장이 됩니다.)

영어 리딩의 최종 목적지, 논픽션 리딩에 강해지는

READING
미국교과서 리딩

LEVEL 3 ③

논픽션 독해력
미국 교과과정의 핵심 지식 습득과 독해력 향상

문제 해결력
지문 내용을 완전히 소화하도록 하는 수준별 독해 유형 연습

통합사고력
배경지식과 새로운 정보를 연결하여 내 것으로 만드는 연습

자기주도력
스스로 계획하고 성취도를 점검하는 자기주도 학습 습관 형성

Word List

READING
미국교과서 리딩

3.3

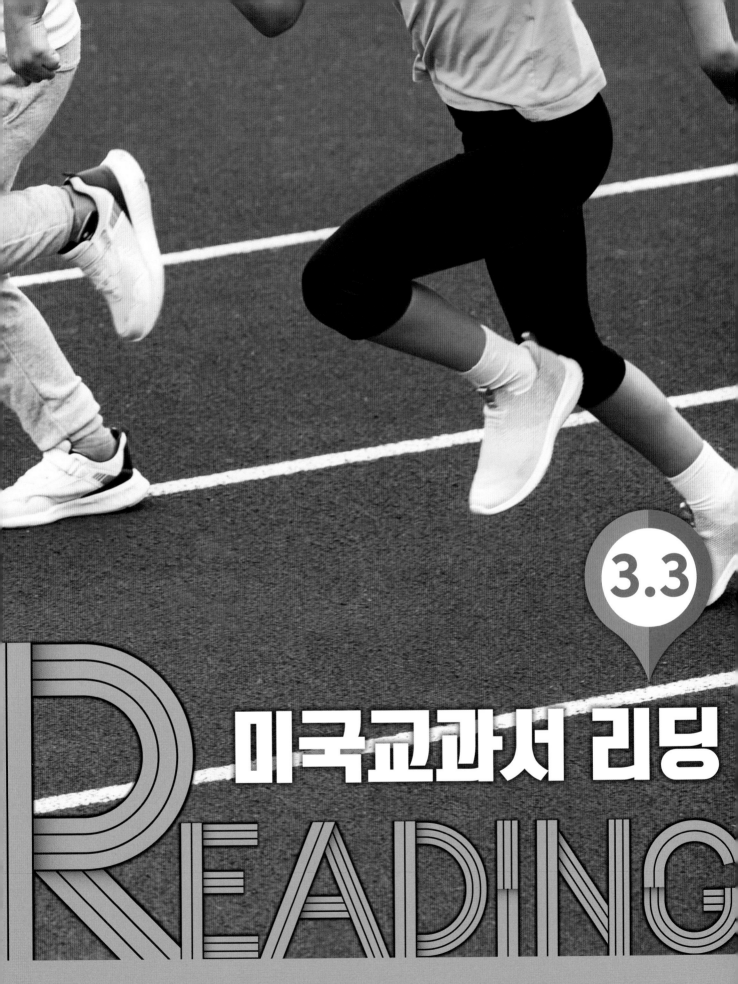

READING

미국교과서 리딩

3.3

Workbook & Answer Key

길벗스쿨

READING

미국교과서 리딩

LEVEL 3 ③

Workbook

길벗스쿨

Dinosaurs

A Look, choose, and write.

1.

hole

2.

3.

| nest |
| skull |
| dinosaur |
| hole |
| limb |
| hatch |

4.

5.

6.

B Look, read, and circle.

1.

Lizards have four
ⓐ limbs
ⓑ nests
.

2.

This chicken
ⓐ planted
ⓑ laid
eggs.

3.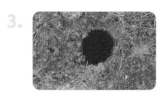

There is a
ⓐ skull
ⓑ hole
in the ground.

4.

A turtle
ⓐ hatches
ⓑ hides
from an egg.

Science

A Look, choose, and write.

1.

variety

2.

3.

4.

5.

6.

tiny

universe

variety

knowledge

discover

mystery

B Look, read, and circle.

1.

There are stars and planets in the  ⓐ universe / ⓑ sea .

2.

He is trying to find the ⓐ space / ⓑ truth .

3.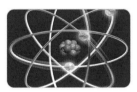

Atoms are the ⓐ tiniest / ⓑ hugest objects.

4.

She is doing an online 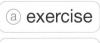 ⓐ exercise / ⓑ search .

Science and Problems

A Look, choose, and write.

1.
invention

2.

3.

nature
invention
recommend
thinker
experiment
solve

4.

5.

6.

B Look, read, and circle.

1.

Animals are
ⓐ influenced
ⓑ solved
by the environment.

2. Scientists study to make great
ⓐ discoveries
ⓑ failures
.

3. He
ⓐ helped
ⓑ posed
a question in class.

4. She is doing an
ⓐ experiment
ⓑ attack
.

4

Leonardo da Vinci and Galileo Galilei

A Look, choose, and write.

1.

instrument

2.

3.

astronomer

telescope

painter

plan

instrument

parachute

4.

5.

6.

B Look, read, and circle.

1.

Leonardo da Vinci was a famous
ⓐ inventor
ⓑ astronomer .

2.

She
ⓐ proved
ⓑ moved
her ability by scoring a goal.

3.

He is looking at the sky through a
ⓐ parachute
ⓑ telescope .

4.

She is drawing a
ⓐ plane
ⓑ plan
for a new house.

Isaac Newton and Thomas Edison

A Look, choose, and write.

1.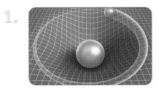
gravity

2.
_____

3.
_____

4.
_____

5.
_____

6.
_____

study
deaf
light bulb
gravity
mathematician
light

B Look, read, and circle.

1.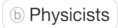
ⓐ Painters
ⓑ Physicists
study the laws of nature.

2.
She is
ⓐ studying
ⓑ suffering
from a fever.

3.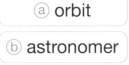
The moon moves in an
ⓐ orbit
ⓑ astronomer
around Earth.

4.
Gravity is a
ⓐ force
ⓑ time
that keeps people on the ground.

Inventions

A Look, choose, and write.

1.

easier

2.

3.

4.

5.

6.

wheel
paper
idea
easier
writer
create

B Look, read, and circle.

1.
The ⓐ cars / ⓑ characters in this story are an ant and a grasshopper.

2.
Computers make work ⓐ square / ⓑ easier for people.

3.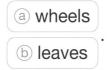
ⓐ Writers / ⓑ Bakers use their imaginations to make stories.

4.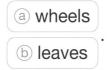
This bike has three ⓐ wheels / ⓑ leaves .

South America

A Look, choose, and write.

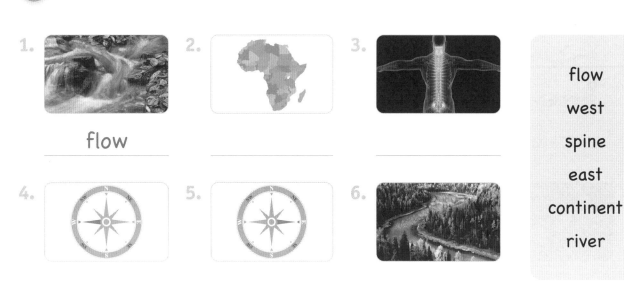

1. flow
2. _____
3. _____
4. _____
5. _____
6. _____

flow
west
spine
east
continent
river

B Look, read, and circle.

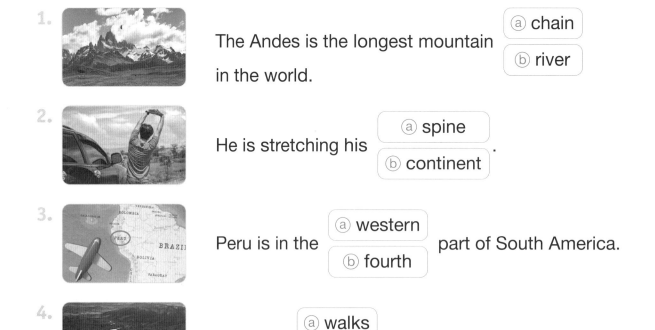

1. The Andes is the longest mountain ⓐ chain / ⓑ river in the world.

2. He is stretching his ⓐ spine / ⓑ continent .

3. Peru is in the ⓐ western / ⓑ fourth part of South America.

4. This river ⓐ walks / ⓑ runs from the mountains to the sea.

Antarctica

A Look, choose, and write.

1.

average

2.

_____

3.

_____

4.

_____

5.

_____

6.

_____

| windy |
| average |
| thick |
| consider |
| desert |
| human |

B Look, read, and circle.

1.

Antarctica is located at the  .

    ⓐ South Pole
    ⓑ desert

2.

Earth's   ⓐ largest   continent is Antarctica.
         ⓑ southernmost

3.

He   ⓐ covered   his eyes with his hands.
    ⓑ drew

4.

Happy memories will last   ⓐ sadly   .
               ⓑ permanently

Australia

A   Look, choose, and write.

1.

far from

2.

3.

contact

develop

far from

island

except

contain

4.

5.

6.

B   Look, read, and circle.

1.

A cup ⓐ contains / ⓑ makes water.

2.
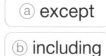

Everyone is sitting ⓐ except / ⓑ including a girl next to a teacher.

3.
These headphones are ⓐ partly / ⓑ not broken.

4.

This is an ⓐ animal / ⓑ island with many trees.

America's Past

A Look, choose, and write.

1.
early

2.

3.

4.

5.

6.

sail

explorer

Native American

early

land

arrive

B Look, read, and circle.

1.
He is on a boat.
ⓐ sailing
ⓑ swimming

2.
The plane on the runway.
ⓐ landed
ⓑ lived

3.
The 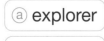 uses a map and a compass.
ⓐ explorer
ⓑ writer

4.
ⓐ Windy
ⓑ Early
mobile phones were big and heavy.

The Pilgrims

A Look, choose, and write.

1.

Pilgrim

2.

3.

travel

difference

ship

rule

Pilgrim

religious

4.

5.

6.

B Look, read, and circle.

1.

A is a place ruled by another country.
- ⓐ colony
- ⓑ group

2.

People in a colony are called
- ⓐ chefs
- ⓑ colonists  .

3.

The Pilgrims built a colony called
- ⓐ Plymouth
- ⓑ *Mayflower*  .

4.

These flowers have a
- ⓐ difference
- ⓑ ship 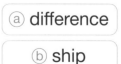 in shape.

12

Slavery

A Look, choose, and write.

1.

against

2.

3.

slavery

freedom

pay

against

law

allow

4.

5.

6.

B Look, read, and circle.

1.

People should follow the ⓐ laws / ⓑ problems .

2.

This sign ⓐ owns / ⓑ allows cars to turn left.

3.

Running in the classroom is ⓐ against / ⓑ between the class rules.

4.

The Statue of Liberty is a symbol of ⓐ freedom / ⓑ slavery .

The Boy Who Cried Wolf

A Look, choose, and write.

1.

panic

2.

3.

bored

panic

warn

flock

protect

attack

4.

5.

6.

B Look, read, and circle.

1.

He is a   ⓐ shepherd   ⓑ physicist .

2.

Planting trees is one way to   ⓐ warn   ⓑ protect   Earth.

3.

This is a   ⓐ flock   ⓑ pair   of birds.

4.

She feels   ⓐ excited   ⓑ guilty   for lying.

The Maid and the Milk Pail

A Look, choose, and write.

1.

toss

2.

3.

| hen |
| disappear |
| spill |
| pail |
| envy |
| toss |

4.

5.

6.

B Look, read, and circle.

1.

He is carrying
ⓐ pails
ⓑ ribbons
.

2.

This ice cube will melt and
ⓐ toss
ⓑ disappear
.

3.

A
ⓐ hen
ⓑ milkmaid
is running.

4.

He
ⓐ spilled
ⓑ ordered
coffee on his shirt.

Melody and Rhythm

A Look, choose, and write.

1.

rhythm

2.

3.

4.

5.

6.

instrument

clap

rhythm

length

tap

note

B Look, read, and circle.

1.

He is ⓐ tapping / ⓑ painting a boy's shoulder.

2.

She is playing ⓐ games / ⓑ melodies on the piano.

3.

A ruler is used to measure ⓐ length / ⓑ rhythm .

4.

There are ⓐ notes / ⓑ letters on a piece of paper.

Enjoying Music

A Look, choose, and write.

1.

way

2.

3.

| way |
| listen |
| flute |
| learn |
| enjoy |
| violin |

4.

5.

6.

B Look, read, and circle.

1.

They ⓐ enjoy / ⓑ hate cooking.

2.

Many people gathered at the ⓐ concert / ⓑ airport .

3.

He is talking on the ⓐ radio / ⓑ mobile phone.

4.

She is ⓐ learning / ⓑ reading how to swim.

Tahitian Landscape

A Look, choose, and write.

1.

bright

2.

3.

4.

5.

6.

painting
bright
point
landscape
warmth
tropical

B Look, read, and circle.

1.

The countryside has beautiful
ⓐ scenery
ⓑ buildings
.

2.

ⓐ Paintings
ⓑ Curtains
are hanging on the wall.

3.

It is a
ⓐ bright
ⓑ dark
morning.

4.

His
ⓐ question
ⓑ intention
is to save money for new toys.

Blue Atmosphere

A Look, choose, and write.

1.

atmosphere

2.

_____

3.

_____

4.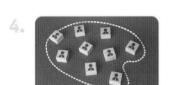

_____

5.

_____

6.

_____

artist

made up of

atmosphere

push

include

fiery

B Look, read, and circle.

1.

An ⓐ atmosphere / ⓑ artist is painting a picture.

2.

He is ⓐ making / ⓑ pushing a broken car.

3.

The picnic basket ⓐ includes / ⓑ names some bread, cheese, and fruits.

4.

Campfire makes ⓐ fiery / ⓑ tropical flames.

Subtraction

A Look, choose, and write.

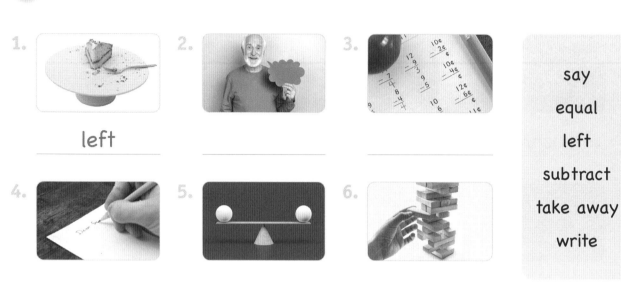

1. left

2.

3.

4.

5.

6.

say
equal
left
subtract
take away
write

B Look, read, and circle.

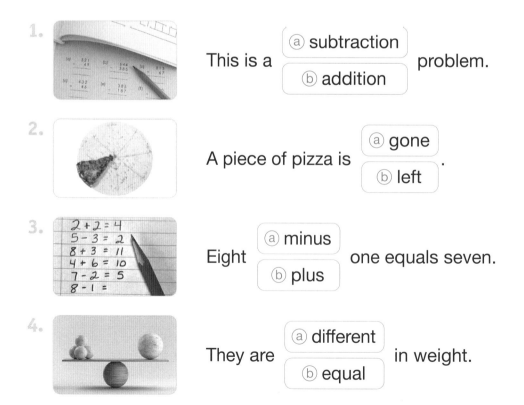

1. This is a ⓐ subtraction / ⓑ addition problem.

2. A piece of pizza is ⓐ gone / ⓑ left.

3. Eight ⓐ minus / ⓑ plus one equals seven.

4. They are ⓐ different / ⓑ equal in weight.

Differences

A Look, choose, and write.

1.

other

2.

3.

| other |
| sign |
| bigger |
| sum |
| between |
| compare |

4.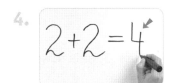

5.

6.

B Look, read, and circle.

1.  The 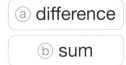 ⓐ difference / ⓑ sum of 233-62 is 171.

2.  She can sing as ⓐ big / ⓑ well as dance.

3.  This ⓐ sign / ⓑ number shows subtraction.

4.  She is ⓐ eating / ⓑ comparing two items.

Unit 01 Ⓐ 1. hole 2. dinosaur 3. skull
4. hatch 5. limb 6. nest
Ⓑ 1. ⓐ 2. ⓑ 3. ⓑ 4. ⓐ

Unit 02 Ⓐ 1. variety 2. universe 3. discover
4. knowledge 5. tiny 6. mystery
Ⓑ 1. ⓐ 2. ⓑ 3. ⓐ 4. ⓑ

Unit 03 Ⓐ 1. invention 2. nature 3. thinker
4. recommend 5. experiment 6. solve
Ⓑ 1. ⓐ 2. ⓐ 3. ⓑ 4. ⓐ

Unit 04 Ⓐ 1. instrument 2. plan 3. painter
4. telescope 5. parachute 6. astronomer
Ⓑ 1. ⓐ 2. ⓐ 3. ⓑ 4. ⓑ

Unit 05 Ⓐ 1. gravity 2. deaf 3. light bulb
4. study 5. light 6. mathematician
Ⓑ 1. ⓑ 2. ⓑ 3. ⓐ 4. ⓐ

Unit 06 Ⓐ 1. easier 2. paper 3. writer
4. wheel 5. idea 6. create
Ⓑ 1. ⓑ 2. ⓑ 3. ⓐ 4. ⓐ

Unit 07 Ⓐ 1. flow 2. continent 3. spine
4. west 5. east 6. river
Ⓑ 1. ⓐ 2. ⓐ 3. ⓐ 4. ⓑ

Unit 08 Ⓐ 1. average 2. human 3. desert
4. windy 5. consider 6. thick
Ⓑ 1. ⓐ 2. ⓑ 3. ⓐ 4. ⓑ

Unit 09 Ⓐ 1. far from 2. island 3. develop
4. contact 5. contain 6. except
Ⓑ 1. ⓐ 2. ⓐ 3. ⓐ 4. ⓑ

Unit 10 Ⓐ 1. early 2. explorer 3. sail
4. Native American 5. land 6. arrive
Ⓑ 1. ⓐ 2. ⓐ 3. ⓐ 4. ⓑ

Unit 11 Ⓐ 1. Pilgrim 2. travel 3. ship
4. rule 5. difference 6. religious
Ⓑ 1. ⓐ 2. ⓑ 3. ⓐ 4. ⓐ

Unit 12 Ⓐ 1. against 2. pay 3. freedom
4. law 5. allow 6. slavery
Ⓑ 1. ⓐ 2. ⓑ 3. ⓐ 4. ⓐ

Unit 13 Ⓐ 1. panic 2. warn 3. attack
4. bored 5. protect 6. flock
Ⓑ 1. ⓐ 2. ⓑ 3. ⓐ 4. ⓑ

Unit 14 Ⓐ 1. toss 2. hen 3. pail 4. spill
5. disappear 6. envy
Ⓑ 1. ⓐ 2. ⓑ 3. ⓐ 4. ⓐ

Unit 15 Ⓐ 1. rhythm 2. instrument 3. length
4. clap 5. note 6. tap
Ⓑ 1. ⓐ 2. ⓑ 3. ⓐ 4. ⓐ

Unit 16 Ⓐ 1. way 2. listen 3. flute 4. violin
5. enjoy 6. learn
Ⓑ 1. ⓐ 2. ⓐ 3. ⓑ 4. ⓐ

Unit 17 Ⓐ 1. bright 2. warmth 3. landscape
4. point 5. painting 6. tropical
Ⓑ 1. ⓐ 2. ⓐ 3. ⓐ 4. ⓑ

Unit 18 Ⓐ 1. atmosphere 2. artist 3. push
4. include 5. fiery 6. made up of
Ⓑ 1. ⓑ 2. ⓑ 3. ⓐ 4. ⓐ

Unit 19 Ⓐ 1. left 2. say 3. subtract 4. write
5. equal 6. take away
Ⓑ 1. ⓐ 2. ⓑ 3. ⓐ 4. ⓑ

Unit 20 Ⓐ 1. other 2. sign 3. bigger 4. sum
5. compare 6. between
Ⓑ 1. ⓐ 2. ⓑ 3. ⓐ 4. ⓑ

미국교과서 리딩 READING

READING

LEVEL 3 ③

Answer Key

길벗스쿨

p.14

| 본문 해석 | **공룡**

공룡은 모두 네 개의 다리를 가지고 있었습니다. 그러나 많은 공룡이 두 다리로 걸어 다녔습니다.

공룡의 머리뼈에는 큰 구멍들이 있었습니다. 이 구멍들은 머리뼈를 더 가볍게 해 주었습니다. 가장 큰 머리뼈 중 일부는 거의 자동차만큼이나 길었습니다.

모든 공룡은 알을 낳았습니다. 어떤 공룡은 오늘날의 새들처럼 둥지에 알을 낳았습니다. 새끼 공룡은 부화할 준비가 될 때까지 알 속에서 자랐습니다.

| 정답 |

Comprehension Checkup Ⓐ **1.**c **2.**c **3.**a **4.**b Ⓑ **1.**T **2.**T

Vocabulary Focus Ⓐ **1.**b **2.**a **3.**c **4.**d

Ⓑ **1.**limbs **2.**holes **3.**laid **4.**nests

Grammar Focus **1.**Dinosaurs all had four limbs.

2.These holes made their skulls lighter.

Summary limbs / skulls / eggs / developed / hatch

| 삽화 말풍선 문장 | p.14

① 공룡의 머리뼈에는 큰 구멍이 있었어.

② 모든 공룡은 알을 낳았어.

| Vocabulary | p.15

· dinosaur 명 공룡
· limb 명 다리, 팔
· skull 명 머리뼈, 두개골
· hole 명 구멍
· lay 동 낳다(lay-laid-laid)
· nest 명 둥지
· hatch 동 부화하다

| Reading Focus | p.15

· 공룡의 커다란 머리뼈는 왜 가벼웠나요?
· 공룡의 새끼는 어디에서 자랐나요?

| 본문 그림 자료 | p.16

Major Kinds of Meat-eating Dinosaurs
주요 육식 공룡의 종류

· Tyrannosaurus rex 티라노사우루스 렉스
· Tarbosaurus 타르보사우루스
· Allosaurus 알로사우루스

Major Kinds of Plant-eating Dinosaurs
주요 초식 공룡의 종류

· Brachiosaurus 브라키오사우루스
· Triceratops 트리케라톱스
· Stegosaurus 스테고사우루스

| 문제 정답 및 해석 | p.17

Comprehension Checkup

Ⓐ **가장 알맞은 답을 고르세요.**

1. 본문은 주로 무엇에 관한 글입니까? [c]

a. 공룡의 뼈

b. 알이 부화한 방법

c. 공룡의 모습과 몸, 그리고 알

2. 공룡은 몇 개의 다리를 가지고 있었습니까? [c]

a. 2개 **b.** 3개 **c.** 4개

3. 공룡의 머리뼈는 왜 가벼웠습니까?　　　　　[a]

　a. 머리뼈에 큰 구멍들이 있었기 때문에

　b. 머리뼈가 매우 작았기 때문에

　c. 머리뼈에 작은 뼈들이 있었기 때문에

4. 새끼 공룡은 알 속에서 얼마 동안 성장했습니까?　　[b]

　a. 날 준비가 될 때까지

　b. 부화할 준비가 될 때까지

　c. 알을 낳을 준비가 될 때까지

Ⓑ **맞는 문장은 T를, 맞지 않는 문장은 F를 고르세요.**

1. 모든 공룡은 알을 낳았습니다.　　　　　　　[T]

2. 어떤 공룡의 머리뼈는 거의 자동차만큼 길었습니다.　[T]

Vocabulary Focus

Ⓐ **다음 단어를 알맞은 뜻과 연결하세요.**

1. 다리, 팔 - - - - **b.** 팔이나 다리

2. 머리뼈, 두개골 - - - - **a.** 사람이나 동물 머리의 뼈

3. 둥지 - - - - **c.** 새가 알을 낳는 장소

4. 부화하다 - - - - **d.** 알 밖으로 나오다

Ⓑ **다음 빈칸에 알맞은 단어를 고르세요.**

둥지 / 다리(팔) / 낳았다 / 구멍들

1. 공룡은 모두 네 개의 다리를 가지고 있었습니다.　[limbs]

2. 공룡의 머리뼈에는 큰 구멍들이 있었습니다.　　[holes]

3. 모든 공룡은 알을 낳았습니다.　　　　　　　[laid]

4. 어떤 공룡은 둥지에 알을 낳았습니다.　　　　[nests]

Grammar Focus

불규칙 동사의 과거형

과거의 일을 말할 때는 동사의 과거형을 사용합니다. 대부분의 과거형은 동사원형에 -(e)d를 붙이는데, 불규칙하게 변하는 동사들도 있습니다. 이런 동사들은 시험에 자주 나오니 꼭 기억해 두세요.

have－had　　　　　　make－made

lay－laid　　　　　　write－wrote

break－broke　　　　freeze－froze

begin－began　　　　sing－sang

know－knew　　　　find－found

밑줄 친 단어를 과거형으로 바꿔 쓴 다음 문장을 다시 쓰세요.

1. [Dinosaurs all had four limbs.]

　공룡은 모두 네 개의 다리를 가지고 있었습니다.

2. [These holes made their skulls lighter.]

　이 구멍들은 머리뼈를 더 가볍게 해 주었습니다.

Summary

본문을 요약하기 위해 빈칸에 알맞은 단어를 골라 채우세요.

머리뼈 / 알 / 다리(팔) / 부화하다 / 자랐다

Dinosaurs all had four limbs and had skulls with large holes. All dinosaurs laid eggs. Baby dinosaurs developed inside the eggs until they were ready to hatch.

공룡은 모두 네 개의 다리와 커다란 구멍들이 있는 머리뼈를 가지고 있었습니다. 모든 공룡은 알을 낳았습니다. 새끼 공룡은 부화할 준비가 될 때까지 알 속에서 자랐습니다.

Workbook　　　　　　　　　　별책 p. 2

Ⓐ **그림에 알맞은 단어를 골라 쓰세요.**

1. hole　　　**2.** dinosaur　　　**3.** skull

4. hatch　　　**5.** limb　　　**6.** nest

Ⓑ **그림을 보고 알맞은 단어에 동그라미 하세요.**

1. 도마뱀은 네 개의 다리를 가지고 있습니다.　[ⓐ]

2. 이 닭은 알을 낳았습니다.　　　　　　　　[ⓑ]

3. 땅에 구멍이 하나 있습니다.　　　　　　　[ⓑ]

4. 거북이는 알에서 부화합니다.　　　　　　[ⓐ]

p.20

| 본문 해석 | **과학**

과학은 진리와 지식에 대한 탐구입니다. 과학은 우리가 삶, 우주, 그리고 그 밖의 거의 모든 것들을 이해할 수 있도록 도와줍니다. 과학자들은 매우 다양한 것들을 연구하고 새로운 사실을 발견합니다. 그들은 원자를 연구해서, 원자가 가장 작은 물질이라는 것을 발견했습니다. 그들은 또한 원자가 우리 주변의 모든 것들을 구성한다는 사실도 발견했습니다. 과학자들은 우주의 신비도 연구합니다. 생명 과학, 자연 과학, 지구 및 우주 과학, 재료 과학 등이 있습니다.

| 정답 |

Comprehension Checkup Ⓐ **1.** a **2.** c **3.** c **4.** b Ⓑ **1.** T **2.** F

Vocabulary Focus Ⓐ **1.** c **2.** a **3.** d **4.** b

Ⓑ **1.** truth **2.** Scientists **3.** tiniest **4.** space

Grammar Focus **1.** and **2.** and **3.** but

Summary search / knowledge / study / discover / mysteries

| 삽화 말풍선 문장 | p.20

① 과학은 우리가 삶을 이해하도록 도와.

② 과학자들은 우주의 신비를 연구해.

| Vocabulary | p.21

· search 명 탐구, 조사

· truth 명 진리, 진실, 사실

· knowledge 명 지식

· universe 명 우주

· variety 명 다양성, 갖가지 다른 것

· discover 동 발견하다

· tiny 형 아주 작은

· mystery 명 신비, 미스터리

| Reading Focus | p.21

· 과학은 무엇인가요?

· 과학자들은 무슨 일을 하나요?

| 본문 그림 자료 | p.22

· life science 생명 과학

· physical science 자연 과학

· Earth and space science 지구 및 우주 과학

· material science 재료 과학

| 문제 정답 및 해석 | p.23

Comprehension Checkup

Ⓐ **가장 알맞은 답을 고르세요.**

1. 본문은 주로 무엇에 관한 글입니까? [a]

  a. 과학이 무엇인지

  b. 우리에게 과학이 필요한 이유

  c. 다양한 종류의 과학

2. 우리가 삶을 이해하도록 돕는 것은 무엇입니까? [c]

  a. 우주

  b. 원자

  c. 과학

3. 과학자들은 원자에 관해서 무엇을 발견했습니까? [c]

  a. 원자는 다른 어떤 것보다 더 큽니다.

  b. 원자는 가장 무거운 물질입니다.

  c. 우리 주위의 모든 것은 원자로 구성됩니다.

4. 과학자들과 관련하여 사실이 아닌 것은 무엇입니까? [b]

  a. 그들은 우주의 신비를 연구합니다.

  b. 그들은 원자로 우리 주위의 모든 것을 만듭니다.

  c. 그들은 다양한 것을 연구하고 새로운 사실을 발견합니다.

ⓑ 맞는 문장은 T를, 맞지 않는 문장은 F를 고르세요.

1. 원자가 우리 주변의 모든 것들을 구성합니다. [T]

2. 오직 다섯 종류의 과학이 있습니다. [F]

Vocabulary Focus

ⓐ 다음 단어를 알맞은 뜻과 연결하세요.

1. 우주 ---- **c.** 별과 행성을 포함한 우주의 모든 것

2. 지식 ---- **a.** 정보, 기술, 그리고 이해

3. 발견하다 ---- **d.** 이전에 알려지지 않았던 어떤 것을 찾다

4. 다양성, 갖가지 다른 것 ---- **b.** 여러 가지 많은 종류의 것들

ⓑ 다음 빈칸에 알맞은 단어를 고르세요.

진리 / 우주 / 과학자들 / 가장 작은

1. 과학은 진리와 지식에 대한 탐구입니다. [truth]

2. 과학자들은 매우 다양한 것을 연구합니다. [Scientists]

3. 원자는 가장 작은 물질이며, 우리 주위의 모든 것을 구성합니다. [tiniest]

4. 과학자들은 우주의 신비도 연구합니다. [space]

Grammar Focus

접속사 and와 but

접속사 and는 '~와/과', '그리고'의 의미를 나타냅니다. but은 '그러나'의 의미로, 앞의 말과 뒤의 말이 대조를 이룰 때 사용합니다.

알맞은 단어를 고르세요.

1. 과학은 진리와 지식에 대한 탐구입니다. [and]

2. 과학자들은 매우 다양한 것들을 연구하고 새로운 사실을 발견

합니다. [and]

3. 그는 매일 샤워하지만 지저분해 보입니다. [but]

Summary

본문을 요약하기 위해 빈칸에 알맞은 단어를 골라 채우세요.

연구하다 / 발견하다 / 지식 / 신비 / 탐구

Science is the search for truth and knowledge. Scientists study atoms and discover new facts about the world around us. They also study the mysteries of space.

과학은 진리와 지식에 대한 탐구입니다. 과학자들은 원자를 연구하며 우리 주변 세계에 대한 새로운 사실을 발견합니다. 그들은 또한 우주의 신비를 연구합니다.

Workbook 별책 p.3

ⓐ 그림에 알맞은 단어를 골라 쓰세요.

1. variety   **2.** universe   **3.** discover

4. knowledge   **5.** tiny   **6.** mystery

ⓑ 그림을 보고 알맞은 단어에 동그라미 하세요.

1. 우주에는 별과 행성이 있습니다. [ⓐ]

2. 그는 진실을 찾고자 노력하고 있습니다. [ⓑ]

3. 원자는 가장 작은 물질입니다. [ⓐ]

4. 그녀는 온라인 조사를 하고 있습니다. [ⓑ]

p.26

| 본문 해석 | **과학과 문제**

과학은 문제로부터 시작됩니다. 위대한 과학자들은 모두 사상가들입니다. 그들은 삶이 제기하는 문제를 풀고 싶어합니다. 과학자들은 수많은 위대한 발명과 발견을 했으며, 이는 역사의 흐름을 바꾸어 왔습니다.

2,000여 년 전에, 그리스의 사상가 아리스토텔레스(기원전 384–322)는 사람들에게 자기 생각을 시험해 보기 위해 자연을 바라보고 실험을 해볼 것을 권했습니다. 많은 과학자들은 아리스토텔레스로부터 영향을 받아 왔습니다.

| 정답 |

Comprehension Checkup Ⓐ **1.** c **2.** c **3.** c **4.** a Ⓑ **1.** T **2.** T

Vocabulary Focus Ⓐ **1.** b **2.** a **3.** d **4.** c

Ⓑ **1.** poses **2.** discoveries **3.** recommended **4.** influenced

Grammar Focus **1.** Science begins with problems. **2.** My father goes to work.

Summary solve / inventions / look / experiments / influenced

| 삽화 말풍선 문장 | p.26

① 아리스토텔레스는 많은 과학자들에게 영향을 끼쳤어.
② 과학자들은 위대한 발명과 발견을 했어.

| Vocabulary | p.27

- thinker 몡 사상가
- solve 동 풀다, 해결하다
- pose 동 (의문을) 제기하다
- invention 몡 발명(품)
- discovery 몡 발견
- recommend 동 추천하다
- nature 몡 자연
- experiment 몡 실험
- influence 동 영향을 끼치다

| Reading Focus | p.27

- 어떤 위대한 과학자들은 무엇을 하고 싶어 했나요?
- 아리스토텔레스는 누구였나요?

| 본문 그림 자료 | p.28

Some Great Inventions of Humankind
인류의 위대한 발명들

- car 자동차
- satellite 위성
- airplane 비행기

| 문제 정답 및 해석 | p.29

Comprehension Checkup

Ⓐ **가장 알맞은 답을 고르세요.**

1. 본문은 주로 무엇에 관한 글입니까? [c]
   a. 과학이 위대한 발견들
   b. 아리스토텔레스와 그의 발견들
   c. 문제에서 시작하는 과학

2. 과학자들은 무엇을 만들어 왔습니까? [c]
   a. 많은 종류의 음식
   b. 많은 문제
   c. 많은 발명과 발견

3. 많은 과학자들이 자신의 아이디어를 시험하기 위해 무엇을 했습니까? [c]
   a. 그들은 역사의 흐름을 바꾸었습니다.
   b. 그들은 많은 문제를 제기했습니다.
   c. 그들은 실험을 실시했습니다.

4. 본문에서 무엇을 추론할 수 있습니까? [a]

a. 과학자들은 깊게 생각하는 능력을 필요로 합니다.

b. 아리스토텔레스는 삶의 모든 문제를 해결했습니다.

c. 최초의 과학적 발명은 그리스에서 발생했습니다.

Ⓑ 맞는 문장은 T를, 맞지 않는 문장은 F를 고르세요.

1. 아리스토텔레스의 생각은 많은 과학자들에게 영향을 끼쳤습니다. [T]

2. 과학자들에 의한 발명과 발견이 역사를 변화시켜 왔습니다. [T]

Vocabulary Focus

Ⓐ 다음 단어를 알맞은 뜻과 연결하세요.

1. 사상가 ---- **b.** 주의 깊게 생각하는 사람

2. 발명(품) ---- **a.** 어떤 것의 창조

3. 자연 ---- **d.** 사람이 만들지 않은 이 세상의 모든 것

4. 실험 ---- **c.** 어떤 것을 배우기 위해 행하는 과학적인 시험

Ⓑ 다음 빈칸에 알맞은 단어를 고르세요.

발견 / (질문을) 제기하다 / 영향을 끼쳤다 / 권했다

1. 과학자들은 삶이 제기하는 문제를 해결하고 싶어 합니다. [poses]

2. 과학자들은 수많은 위대한 발명과 발견을 했습니다. [discoveries]

3. 아리스토텔레스는 사람들에게 실험을 해 볼 것을 권했습니다. [recommended]

4. 아리스토텔레스는 많은 과학자들에게 영향을 끼쳤습니다. [influenced]

Grammar Focus

3인칭 단수 주어의 현재 시제 동사

3인칭 단수 주어 + [동사원형 + -(e)s]

현재 시제의 문장에서 주어가 3인칭 단수일 때 동사는 〈동사원형 + -(e)s〉의 형태로 써야 합니다.

* 대부분의 동사 + -(e)s: begin – begins / go – goes

* -y로 끝나는 동사는 y를 i로 바꾸고 + -es: study – studies

밑줄 친 단어를 바르게 고친 다음 문장을 다시 쓰세요.

1. [Science begins with problems.]
과학은 문제로부터 시작합니다.

2. [My father goes to work by bus.]
우리 아버지는 버스로 출근하십니다.

Summary

본문을 요약하기 위해 빈칸에 알맞은 단어를 골라 채우세요.

보다 / 실험 / 해결하다 / 발명 / 영향을 끼쳤다

Science begins with problems, and scientists want to solve them. They made many inventions and discoveries. The Greek thinker Aristotle recommended that people look at nature and carry out experiments. He has influenced many scientists.

과학은 문제로부터 시작되고, 과학자들은 그 문제를 해결하고 싶어 합니다. 그들은 많은 발명과 발견을 했습니다. 그리스의 사상가인 아리스토텔레스는 사람들에게 자연을 보고, 실험을 수행하라고 권했습니다. 그는 많은 과학자들에게 영향을 끼쳤습니다.

Workbook 별책 p. 4

Ⓐ 그림에 알맞은 단어를 골라 쓰세요.

1. invention **2.** nature **3.** thinker

4. recommend **5.** experiment **6.** solve

Ⓑ 그림을 보고 알맞은 단어에 동그라미 하세요.

1. 동물은 환경의 영향을 받습니다. [ⓐ]

2. 과학자는 위대한 발견을 하기 위해 연구합니다. [ⓐ]

3. 그는 수업 중에 질문을 제기했습니다. [ⓑ]

4. 그녀는 실험을 하고 있습니다. [ⓐ]

p.32

| 본문 해석 | **레오나르도 다빈치와 갈릴레오 갈릴레이**

레오나르도 다빈치(1452–1519)는 화가이자 과학자, 그리고 발명가였습니다. 그는 헬리콥터, 비행기, 그리고 낙하산의 설계도를 그렸습니다. 안타깝게도, 당시 기술은 충분히 좋지 못해서, 그 중 어떤 것도 만들어 내지 못했습니다.

갈릴레오 갈릴레이(1564–1642)는 천문학자이자 기구 제작자였습니다. 그는 망원경을 통해 태양계를 관찰하면서 지구가 태양의 둘레를 돈다는 사실을 증명했습니다.

| 정답 |

Comprehension Checkup Ⓐ **1.** a **2.** c **3.** b **4.** b Ⓑ **1.** F **2.** T

Vocabulary Focus Ⓐ **1.** d **2.** a **3.** b **4.** c

Ⓑ **1.** inventor **2.** drew **3.** astronomer **4.** proved

Grammar Focus **1.** moves **2.** gives **3.** goes

Summary plans / built / proved / sun / telescope

| 삽화 말풍선 문장 | p.32

① 레오나르도 다빈치는 〈모나리자〉를 그렸어.

② 갈릴레오 갈릴레이는 지구가 태양의 둘레를 돈다는 것을 증명했어.

| Vocabulary | p.33

- painter 몡 화가
- inventor 몡 발명가
- plan 몡 도면, 설계도
- parachute 몡 낙하산
- astronomer 몡 천문학자
- instrument 몡 기구, 도구
- prove 통 증명하다
- telescope 몡 망원경

| Reading Focus | p.33

- 레오나르도 다빈치는 누구였나요?
- 갈릴레오 갈릴레이는 누구였나요?

| 문제 정답 및 해설 | p.35

Comprehension Checkup

Ⓐ 가장 알맞은 답을 고르세요.

1. 본문은 주로 무엇에 관한 글입니까? [a]

  a. 레오나르도 다빈치와 갈릴레오 갈릴레이

  b. 두 과학자의 관계

  c. 갈릴레오 갈릴레이가 어떻게 레오나르도 다빈치의 영향을 받았는지

2. 레오나르도 다빈치가 하지 않은 것은 무엇입니까? [c]

  a. 그는 과학을 연구했습니다.

  b. 그는 새로운 것을 발명했습니다.

  c. 그는 비행기를 조종했습니다.

3. 갈릴레오 갈릴레이는 누구였습니까? [b]

  a. 화가

  b. 천문학자

  c. 오페라 가수

4. 본문에 관해 사실이 아닌 것은 무엇입니까? [b]

  a. 레오나르도 다빈치는 낙하산을 만들 수 있었습니다.

b. 갈릴레오 갈릴레이는 태양계를 연구했습니다.

c. 갈릴레오 갈릴레이는 태양이 지구보다 크다는 사실을 증명했습니다.

B 맞는 문장은 T를, 맞지 않는 문장은 F를 고르세요.

1. 레오나르도 다빈치는 헬리콥터를 만들었습니다.   [F]

2. 갈릴레오 갈릴레이는 태양이 지구보다 크다는 것을 증명했습니다.   [T]

Vocabulary Focus

A 다음 단어를 알맞은 뜻과 연결하세요.

1. 화가 ---- d. 그림을 그리는 사람

2. 천문학자 ---- a. 별과 행성을 연구하는 과학자

3. 도면, 설계도 ---- b. 기계의 모든 부품을 보여 주는 그림

4. 망원경 ---- c. 사물을 더 크고 더 가깝게 보이도록 해 주는 도구

B 다음 빈칸에 알맞은 단어를 고르세요.

발명가 / 천문학자 / 그렸다 / 태양의

1. 레오나르도 다빈치는 화가이자, 과학자, 그리고 발명가였습니다.   [inventor]

2. 레오나르도 다빈치는 비행기와 낙하산의 설계도를 그렸습니다.   [drew]

3. 갈릴레오 갈릴레이는 천문학자이자 기구 제작자였습니다.   [astronomer]

4. 갈릴레오 갈릴레이는 지구가 태양의 둘레를 돈다는 것을 증명했습니다.   [proved]

Grammar Focus

불변의 진리를 나타내는 현재 시제

과거, 현재, 그리고 미래에도 변함이 없는 불변의 진리를 말할 때는 항상 현재 시제를 씁니다.

알맞은 단어를 고르세요.

1. 갈릴레오 갈릴레이는 지구가 태양의 둘레에서 움직인다는 사실을 증명했습니다.   [moves]

2. 나는 태양이 열을 낸다는 사실을 배웠습니다.   [gives]

3. 그녀는 달이 지구의 둘레를 돈다고 말해 주었습니다.   [goes]

Summary

본문을 요약하기 위해 빈칸에 알맞은 단어를 골라 채우세요.

증명했다 / 망원경 / 태양 / 설계도 / 만들어진

Leonardo da Vinci drew plans for helicopters, airplanes, and parachutes. However, none of them was built in his day. Galileo Galilei proved that Earth moves around the sun. He did it by looking through a telescope.

레오나르도 다빈치는 헬리콥터, 비행기, 그리고 낙하산의 설계도를 그렸습니다. 하지만 그 중 아무 것도 그 당시에 만들어지지 못했습니다. 갈릴레오 갈릴레이는 지구가 태양의 주위를 돈다는 것을 증명했습니다. 그는 망원경을 통해 관찰함으로써 그것을 해냈습니다.

Workbook   별책 p. 5

A 그림에 알맞은 단어를 골라 쓰세요.

1. instrument   2. plan   3. painter

4. telescope   5. parachute   6. astronomer

B 그림을 보고 알맞은 단어에 동그라미 하세요.

1. 레오나르도 다빈치는 유명한 발명가였습니다.   [ⓐ]

2. 그녀는 골을 넣어 자신의 능력을 증명했습니다.   [ⓐ]

3. 그는 망원경으로 하늘을 보고 있습니다.   [ⓑ]

4. 그녀는 새 집의 도면을 그리고 있습니다.   [ⓑ]

p.38

| 본문 해석 | 아이작 뉴턴과 토머스 에디슨

아이작 뉴턴(1643–1727)은 물리학자이자 수학자였습니다. 그는 힘과 빛을 연구했습니다. 그는 행성이 태양 주위의 궤도에 계속 있게 하는 힘이 존재할 것이라고 생각했습니다. 오늘날 우리는 이 힘을 중력으로 알고 있습니다.

토머스 에디슨(1847–1931)은 발명가였습니다. 그는 12세 때, 성홍열을 앓아 청력을 잃게 되었습니다. 그러나 그는 오래 가는 전구와 배터리를 비롯하여 1,000개가 넘는 발명품을 만들었습니다.

| 정답 |

Comprehension Checkup Ⓐ **1.** c **2.** a **3.** b **4.** c Ⓑ **1.** T **2.** F

Vocabulary Focus Ⓐ **1.** b **2.** a **3.** d **4.** c

Ⓑ **1.** physicist **2.** force **3.** suffered **4.** light bulbs

Grammar Focus **1.** forces and light **2.** the planets **3.** this force

Summary mathematician / studied / gravity / inventor / batteries

| 삽화 말풍선 문장 | p.38

① 아이작 뉴턴은 중력의 법칙을 발견했어.

② 토머스 에디슨은 전구를 발명했어.

| Vocabulary | p.39

· phycicict 몡 물리학자

· mathematician 몡 수학자

· study 됭 연구하다

· force 몡 힘

· light 몡 빛

· orbit 몡 궤도

· gravity 몡 중력

· suffer 됭 고통받다

· deaf 혱 청력을 잃은

· light bulb 몡 전구

| Reading Focus | p.39

· 아이작 뉴턴은 누구였나요?

· 토머스 에디슨은 누구였나요?

| 문제 정답 및 해석 | p.41

Comprehension Checkup

Ⓐ 가장 알맞은 답을 고르세요.

1. 본문은 주로 무엇에 관한 글입니까? [c]

　a. 토머스 에디슨의 친구인 아이작 뉴턴

　b. 아이작 뉴턴이 어떻게 토머스 에디슨의 영향을 받았는지

　c. 과학자 아이작 뉴턴과 토머스 에디슨

2. 토머스 에디슨은 왜 청력을 잃었습니까? [a]

　a. 성홍열을 앓았기 때문에

　b. 태어날 때부터 청력을 잃었기 때문에

　c. 실험 중에 귀를 다쳤기 때문에

3. 토머스 에디슨의 발명품이 아닌 것은 무엇입니까? [b]

　a. 배터리

　b. 해열제

　c. 오래 가는 전구

4. 본문에서 무엇을 추론할 수 있습니까? [c]

　a. 사람들은 토머스 에디슨이 청력을 잃었다는 것을 알지 못했습니다.

b. 아이작 뉴턴은 사람들에게 중력을 이해시키지 못했습니다.

c. 아이작 뉴턴 이전의 사람들은 중력에 대해 알지 못했습니다.

B 맞는 문장은 T를, 맞지 않는 문장은 F를 고르세요.

1. 중력은 행성이 태양 주위의 궤도에 계속 있게 합니다.　　[T]

2. 아이작 뉴턴은 힘과 빛을 발명했습니다.　　　　　　　　[F]

Vocabulary Focus

A 다음 단어를 알맞은 뜻과 연결하세요.

1. 연구하다 ---- **b.** 무엇을 알아내기 위해 노력하다

2. 빛 ---- **a.** 태양과 램프, 불꽃에서 나오는 밝은 것

3. 중력 ---- **d.** 끌어당기는 자연적인 힘

4. 청력을 잃은 ---- **c.** 들을 수 없는

B 다음 빈칸에 알맞은 단어를 고르세요.

힘 / 고통 받았다 / 물리학자 / 전구

1. 아이작 뉴턴은 물리학자이자 수학자였습니다.　[physicist]

2. 아이작 뉴턴은 행성이 태양 주위의 궤도에 계속 있게 하는 힘이 존재할 것이라 생각했습니다.　　　　　　　[force]

3. 토머스 에디슨은 성홍열로 고통받다가 청력을 잃게 되었습니다.　　　　　　　　　　　　　　　　　　　[suffered]

4. 토머스 에디슨은 오래 가는 전구를 발명했습니다.
　　　　　　　　　　　　　　　　　　　[light bulbs]

Grammar Focus

동작의 대상이 되는 목적어

동사 뒤에 명사를 넣어 의미를 나타낼 때가 있습니다. 이 명사는 동작의 대상이 되며 '목적어'(object)라고 합니다. 예를 들어 '영어를 공부하다'라는 의미를 나타내려면 study English로 쓰며, 이때 English가 목적어가 됩니다.

각 문장에서 목적어에 동그라미 하세요.

1. 아이작 뉴턴은 힘과 빛을 연구했습니다. [forces and light]

2. 어떤 힘이 행성을 태양 주위의 궤도에 계속 있게 합니다.
　　　　　　　　　　　　　　　　　　　[the planets]

3. 우리는 이 힘을 중력으로 알고 있습니다.　　[this force]

Summary

본문을 요약하기 위해 빈칸에 알맞은 단어를 골라 채우세요.

발명가 / 연구했다 / 중력 / 배터리 / 수학자

Isaac Newton was a physicist and mathematician. He studied forces and light. He discovered gravity. Thomas Edison was an inventor. He invented more than 1,000 things, including light bulbs and batteries.

아이작 뉴턴은 물리학자이자 수학자였습니다. 그는 힘과 빛을 연구했습니다. 그는 중력을 발견했습니다. 토머스 에디슨은 발명가였습니다. 그는 전구와 배터리를 포함해 1,000개가 넘는 발명품을 발명했습니다.

Workbook　　　　　　　　별책 p. 6

A 그림에 알맞은 단어를 골라 쓰세요.

1. gravity　　**2.** deaf　　**3.** light bulb

4. study　　**5.** light　　**6.** mathematician

B 그림을 보고 알맞은 단어에 동그라미 하세요.

1. 물리학자는 자연의 법칙을 연구합니다.　　　　　[ⓑ]

2. 그녀는 고열로 고통 받고 있습니다.　　　　　　　[ⓑ]

3. 달은 궤도를 따라 지구의 주위를 돕니다.　　　　　[ⓐ]

4. 중력은 사람이 땅에 계속 있게 하는 힘입니다.　　[ⓐ]

p.44

| 본문 해석 | **발명품**

만들어지거나 창조되는 새로운 것들은 발명품이라고 불립니다. 컴퓨터와 자동차는 처음 만들어졌을 때 발명품이었습니다.

아이디어 또한 발명품이라고 불릴 수 있습니다. 작가는 등장인물을 만든 후, 그들에 대한 이야기를 쓸 수 있습니다.

발명품은 우리의 삶을 더 편리하게 만들었습니다. 바퀴는 메소포타미아에서 처음 사용되었습니다. 종이는 중국에서 발명되었습니다.

| 정답 |

Comprehension Checkup Ⓐ **1.** b **2.** c **3.** b **4.** b Ⓑ **1.** T **2.** F

Vocabulary Focus Ⓐ **1.** c **2.** d **3.** b **4.** a

Ⓑ **1.** created **2.** Ideas **3.** characters **4.** easier

Grammar Focus **1.** were **2.** write **3.** was

Summary new / created / inventions / wheel / easier

| 삽화 말풍선 문장 | p.44

① 자동차는 처음 만들어졌을 때는 발명품이었어.
② 아이디어도 발명품이라고 할 수 있어.

| Vocabulary | p.45

• create 동 창조하다, 만들다
• idea 명 아이디어, 생가
• writer 명 작가, 저자
• character 명 등장인물
• easier 형 더 쉬운, 더 편리한
• wheel 명 바퀴
• paper 명 종이

| Reading Focus | p.45

• 발명품은 무엇인가요?
• 아이디어란 무엇인가요?

| 본문 그림 자료 | p.46

• wheel 바퀴
• paper 종이
• magnetic compass 자기 나침반
• parachute 낙하산

| 문제 정답 및 해석 | p.47

Comprehension Checkup

Ⓐ 가장 알맞은 답을 고르세요.

1. 본문은 주로 무엇에 관한 글입니까? [b]
 a. 작가와 등장인물
 b. 발명품에 관한 정보
 c. 작가가 만든 발명품

2. 발명품은 우리를 위해 무엇을 했습니까? [c]
 a. 많은 작가를 배출했습니다.
 b. 우리를 더 부유하게 만들었습니다.
 c. 우리의 삶을 더 쉽게 만들었습니다.

3. 왜 작가도 발명가입니까? [b]
 a. 종이에 글을 쓰기 때문에
 b. 아이디어와 등장인물, 이야기를 창조하기 때문에
 c. 컴퓨터와 볼펜 같은 다양한 도구를 사용하기 때문에

4. 종이는 어디에서 발명되었습니까? [b]
 a. 메소포타미아에서
 b. 중국에서

c. 캐나다에서

B 맞는 문장은 T를, 맞지 않는 문장은 F를 고르세요.

1. 발명품은 창조되는 새로운 것들입니다. [T]
2. 바퀴는 중국에서 처음 사용되었습니다. [F]

Vocabulary Focus

A 다음 단어를 알맞은 뜻과 연결하세요.

1. 창조하다 ---- **c.** 새로운 것을 만들다
2. 작가 ---- **d.** 책을 쓰는 사람
3. 바퀴 ---- **b.** 자동차나 자전거 아래에 있는 둥근 것 중 하나
4. 종이 ---- **a.** 그 위에 글씨를 적거나 그림을 그리는 얇은 재료

B 다음 빈칸에 알맞은 단어를 고르세요.

창조되는 / 등장인물 / 더 쉬운 / 아이디어

1. 만들어지거나 창조되는 새로운 것들은 발명품이라고 불립니다.
[created]
2. 아이디어 역시 발명품으로 불릴 수 있습니다. [Ideas]
3. 작가는 등장인물을 발명할 수 있습니다. [characters]
4. 발명품은 우리의 삶을 더 쉽게 만들었습니다. [easier]

Grammar Focus

주어와 동사의 수일치

단수 주어 + is/was/동사원형 -(e)s/-(e)d
복수 주어 + are/were/동사원형/-(e)d

하나의 대상을 가리키는 주어는 단수 주어, 둘 이상의 대상을 가리키는 주어는 복수 주어라고 합니다. 단수 주어일 때 현재 시제의 동사는 is / 동사원형 + (e)s로 쓰고, 과거 시제 동사는 was / 동사원형 + (e)d로 씁니다. 복수 주어일 때 현재 시제의 동사는 are / 동사원형이며, 과거 시제로 쓸 때는 were / 동사원형 + (e)d로 표현합니다.

알맞은 단어를 고르세요.

1. 컴퓨터와 자동차는 발명품이었습니다. [were]
2. 작가들은 등장인물을 만들고, 그들에 대한 이야기를 씁니다.
[write]
3. 종이는 중국에서 발명되었습니다. [was]

Summary

본문을 요약하기 위해 빈칸에 알맞은 단어를 골라 채우세요.

더 쉬운 / 발명품 / 새로운 / 바퀴 / 창조되는

When we make or create new things, we call them inventions. Ideas are created, so they can also be inventions. Inventions such as the wheel and paper have made our lives easier.

우리가 새로운 것을 만들거나 창조할 때, 우리는 그것들을 발명품이라고 부릅니다. 아이디어도 창조되므로, 발명품이 될 수 있습니다. 바퀴나 종이 같은 발명품은 우리의 삶을 더 쉽게 만들었습니다.

Workbook
별책 p.7

A 그림에 알맞은 단어를 골라 쓰세요.

1. easier   **2.** paper   **3.** writer
4. wheel   **5.** idea   **6.** create

B 그림을 보고 알맞은 단어에 동그라미 하세요.

1. 이 이야기의 등장인물은 개미와 베짱이입니다. [ⓑ]
2. 컴퓨터는 사람의 일을 더 쉽게 만듭니다. [ⓑ]
3. 작가는 이야기를 만들기 위해 상상력을 사용합니다. [ⓐ]
4. 이 자전거에는 세 개의 바퀴가 있습니다. [ⓐ]

Review Test

| 정답 |

Review Vocabulary Test

Ⓐ **1.** gravity / 중력 **2.** universe / 우주 **3.** experiment / 실험 **4.** nest / 둥지

Ⓑ **1.** limbs **2.** knowledge **3.** astronomer **4.** created

Ⓒ **1.**　　　h　a　t　**c**　h

2.　　p　a　p　e　**r**

3.　　　　　d　**e**　a　f

4.　　　　p　l　**a**　n

5. i　n　v　e　n　**t**　i　o　n

6.　　v　a　r　i　**e**　t　y

→ create

Review Grammar Test

Ⓐ **1.** had **2.** and **3.** study **4.** begins

Ⓑ **1.** Earth moves around the sun.

2. People carry out experiments to test their ideas.

3. The wheel was first used in Mesopotamia.

| 문제 정답 및 해석 |

Review Vocabulary Test

A 알맞은 단어와 우리말 뜻을 쓰세요.

1. 끌어당기는 자연적인 힘   [gravity / 중력]

2. 별과 행성을 포함한 우주의 모든 것   [universe / 우주]

3. 어떤 것에 대해 배우기 위해 행하는 과학적인 시험

                                     [experiment / 실험]

4. 새가 알을 낳는 장소   [nest / 둥지]

B 다음 빈칸에 알맞은 단어를 고르세요.

지식 / 다리(팔) / 창조되는 / 천문학자

1. 공룡은 모두 네 개의 다리를 가지고 있었습니다.   [limbs]

2. 과학은 진리와 지식에 대한 탐구입니다.   [knowledge]

3. 갈릴레오 갈릴레이는 천문학자이자 기구 제작자였습니다.

                                        [astronomer]

4. 만들어지거나 창조되는 새로운 것들은 발명품이라고 불립니다.

                                        [created]

C 단어를 완성하고, 질문에 답하세요.

1. 알 밖으로 나오다   [hatch]

2. 그 위에 글씨를 적거나 그림을 그리는 얇은 재료   [paper]

3. 들을 수 없는   [deaf]

4. 기계의 모든 부품을 보여 주는 그림   [plan]

5. 어떤 것의 창조   [invention]

6. 여러 가지 많은 종류의 것들   [variety]

색 상자 안의 단어는 무엇인가요?   ➡ [create(창조하다)]

Review Grammar Test

A 알맞은 단어를 고르세요.

1. 공룡의 머리뼈에 큰 구멍들이 있었습니다.   [had]

2. 생명 과학, 지구 및 우주 과학, 재료 과학 등이 있습니다.

                                            [and]

3. 그들은 대학교에서 영어를 공부합니다.   [study]

4. 과학은 문제로부터 시작합니다.   [begins]

B 밑줄 친 단어를 바르게 고친 다음 문장을 다시 쓰세요.

1. [Earth moves around the sun.]

지구는 태양의 둘레를 돕니다.

2. [People carry out experiments to test their ideas.]

사람들은 자신의 생각을 시험해 보기 위해 실험을 실시합니다.

3. [The wheel was first used in Mesopotamia.]

바퀴는 메소포타미아에서 처음 사용되었습니다.

p.54

| 본문 해석 | **남아메리카**

네 번째로 큰 대륙은 남아메리카입니다. 이 대륙의 서쪽에 있는 안데스 산맥은 세계에서 가장 긴 산맥입니다.

그것은 척추처럼 북쪽에서 남쪽으로 이어져 있습니다.

아마존 강은 서쪽에서 동쪽으로 흐르면서 남아메리카 대륙을 가릅니다. 아마존 강은 나일 강 다음으로 세계에서 두 번째로 긴 강입니다.

| 정답 |

Comprehension Checkup Ⓐ **1.** c **2.** a **3.** c **4.** a Ⓑ **1.** F **2.** T

Vocabulary Focus Ⓐ **1.** c **2.** a **3.** d **4.** b

Ⓑ **1.** western **2.** run **3.** flows **4.** longest

Grammar Focus **1.** from / like **2.** to **3.** after

Summary fourth / continent / Andes / Amazon / second

| 삽화 말풍선 문장 | p.54

① 아마존 강은 세계에서 두 번째로 긴 강이야.

② 남아메리카는 네 번째로 큰 대륙이야.

| Vocabulary | p.55

· continent 명 대륙

· western 형 서쪽에 위치한

· run 동 이어지다

· spine 명 척추

· river 명 강

· flow 동 흐르다

· west 명 서쪽

· east 명 동쪽

| Reading Focus | p.55

· 안데스 산맥은 어디에 있나요?

· 세계에서 가장 긴 강은 무엇인가요?

| 본문 그림 자료 | p.56

· the Andes 안데스 산맥

| 문제 정답 및 해석 | p.57

Comprehension Checkup

Ⓐ **가장 알맞은 답을 고르세요.**

1. 본문은 주로 무엇에 관한 글입니까? [c]

   a. 남아메리카의 위치

   b. 세계에서 가장 긴 강과 산맥

   c. 남아메리카에 있는 산과 강

2. 세계에서 가장 긴 산맥은 무엇입니까? [a]

   a. 안데스 산맥

   b. 알프스 산맥

   c. 우랄 산맥

3. 네 번째로 큰 대륙은 무엇입니까? [c]

   a. 아시아

   b. 유럽

   c. 남아메리카

4. 안데스 산맥은 어떤 방향으로 이어져 있습니까? [a]

   a. 북쪽에서 남쪽으로

   b. 서쪽에서 동쪽으로

c. 남쪽에서 동쪽으로

B 맞는 문장은 T를, 맞지 않는 문장은 F를 고르세요.

1. 아마존 강은 북쪽에서 남쪽으로 흐릅니다. [F]
2. 세계에서 가장 긴 강은 나일 강입니다. [T]

Vocabulary Focus

A 다음 단어를 알맞은 뜻과 연결하세요.

1. 대륙 ---- c. 여러 국가로 구성되어 있는 매우 넓은 육지 지역
2. 척추 ---- a. 등의 중심을 따라 길게 내려가는 일련의 뼈
3. 흐르다 ---- d. 꾸준하고 연속적인 방식으로 움직이다
4. 강 ---- b. 바다나 호수로 들어가는 물의 길고 넓은 흐름

B 다음 빈칸에 알맞은 단어를 고르세요.

서쪽에 위치한 / 흐르다 / 가장 긴 / 이어지다

1. 안데스 산맥은 남아메리카의 서쪽에 있습니다. [western]
2. 안데스 산맥은 척추처럼 북쪽에서 남쪽으로 이어집니다. [run]
3. 아마존 강은 서쪽에서 동쪽으로 흐릅니다. [flows]
4. 아마존 강은 세계에서 두 번째로 가장 긴 강입니다. [longest]

Grammar Focus

전치사 like, from, to, after

전치사는 명사나 대명사 앞에서 명사나 대명사와의 관계를 나타내는 말입니다. like는 '~처럼'의 뜻을 나타내며, from은 '~로부터', to는 '~까지'의 의미를 나타냅니다. after는 '~의 뒤에', '~ 후에' 등의 뜻으로 쓰입니다.

알맞은 단어를 고르세요.

1. 안데스 산맥은 척추처럼 북쪽에서 남쪽으로 이어집니다.
[from / like]
2. 아마존 강은 서쪽에서 동쪽으로 흐릅니다. [to]

3. 아마존 강은 나일 강 다음으로 세계에서 두 번째로 긴 강입니다.
[after]

Summary

본문을 요약하기 위해 빈칸에 알맞은 단어를 골라 채우세요.

안데스 / 아마존 / 네 번째의 / 두 번째의 / 대륙

The fourth-largest continent is South America. The Andes Mountains are on the western side of the continent. The Amazon River cuts through the South American continent. It is the second-longest river in the world.

네 번째로 큰 대륙은 남아메리카입니다. 안데스 산맥이 그 대륙의 서쪽에 있습니다. 아마존 강은 남아메리카 대륙을 가릅니다. 그것은 세계에서 두 번째로 긴 강입니다.

Workbook 별책 p.8

A 그림에 알맞은 단어를 골라 쓰세요.

1. flow
2. continent
3. spine
4. west
5. east
6. river

B 그림을 보고 알맞은 단어에 동그라미 하세요.

1. 안데스 산맥은 세계에서 가장 긴 산맥입니다. [ⓐ]
2. 그는 척추를 스트레칭하고 있습니다. [ⓐ]
3. 페루는 남아메리카의 서쪽 지역에 있습니다. [ⓐ]
4. 이 강은 산에서 바다로 이어집니다. [ⓑ]

| 본문 해석 | **남극 대륙**

남극 대륙은 지구 최남단의 대륙입니다. 그곳은 남극에 있으며 다섯 번째로 큰 대륙입니다.

남극 대륙의 약 98%는 얼음으로 덮여 있습니다. 이 얼음은 최소 1.6킬로미터의 두께입니다. 남극 대륙은 평균적으로 가장 춥고 가장 건조하며 가장 바람이 많이 부는 대륙입니다. 그곳은 사막으로 여겨집니다. 남극 대륙에서 영구적으로 사는 사람은 없습니다. 남극 대륙의 연구소에서 일하는 과학자만이 살고 있습니다.

| 정답 |

Comprehension Checkup Ⓐ **1.** b **2.** b **3.** c **4.** a Ⓑ **1.** F **2.** F

Vocabulary Focus Ⓐ **1.** b **2.** a **3.** d **4.** c

Ⓑ **1.** southernmost **2.** covered **3.** average **4.** permanently

Grammar Focus **1.** covered **2.** considered **3.** made

Summary continent / fifth / ice / desert / permanently

| 삽화 말풍선 문장 | p.60

① 남극 대륙은 가장 바람이 많이 부는 대륙이야.
② 어떤 과학자는 남극 대륙의 연구소에서 살아.

| Vocabulary | p.61

· southernmost 휑 최남단의
· South Pole 명 남극
· cover 동 덮다, 차지하다
· thick 휑 두꺼운
· average 명 평균
· windy 휑 바람이 부는
· consider 동 생각하다, 고려하다
· desert 명 사막
· human 명 인간, 사람
· permanently 분 영구적으로, 영원히

| Reading Focus | p.61

· 남극 대륙은 어디에 있나요?
· 남극 대륙의 날씨는 어떤가요?

| 본문 그림 자료 | p.62

· Antarctica 남극 대륙
· Scientists in Antarctica 남극 대륙의 과학자

| 문제 정답 및 해석 | p.63

Comprehension Checkup

Ⓐ **가장 알맞은 답을 고르세요.**

1. 본문은 주로 무엇에 관한 글입니까? [b]
   a. 남극 대륙의 얼음이 얼마나 두꺼운지
   b. 얼음같이 추운 남극 대륙과 사람들
   c. 남극 대륙이 왜 사막으로 여겨지는지

2. 남극 대륙의 날씨는 어떻습니까? [b]
   a. 춥고 비가 옵니다.
   b. 춥고 바람이 붑니다.
   c. 맑고 바람이 붑니다.

3. 남극 대륙에 관해 사실이 아닌 것은 무엇입니까? [c]
   a. 남극에 위치하고 있습니다.

b. 세계에서 다섯 번째로 큰 대륙입니다.

c. 여름에만 사막으로 여겨집니다.

4. 본문에서 무엇을 추론할 수 있습니까?　　　　[a]

  a. 남극 대륙에는 연구할 것이 많습니다.

  b. 남극 대륙에 산 첫 번째 사람은 연구원이었습니다.

  c. 남극 대륙의 얼음은 북극의 얼음보다 더 두껍습니다.

Ⓑ **맞는 문장은 T를, 맞지 않는 문장은 F를 고르세요.**

1. 남극 대륙은 지구의 북부에 있습니다.　　　　[F]

2. 남극 대륙의 90% 미만이 얼음으로 덮여 있습니다.　　[F]

Vocabulary Focus

Ⓐ **다음 단어를 알맞은 뜻과 연결하세요.**

1. 두꺼운 ---- **b.** 양쪽 사이의 거리가 먼

2. 바람이 부는 ---- **a.** 많은 바람이 부는

3. 사막 ---- **d.** 비가 거의 오지 않는 넓고 건조한 땅

4. 인간 ---- **c.** 사람

Ⓑ **다음 빈칸에 알맞은 단어를 고르세요.**

덮여 있는 / 최남단의 / 평균 / 영구적으로

1. 남극 대륙은 지구 최남단의 대륙입니다.　[southernmost]

2. 남극 대륙의 약 98%가 얼음으로 덮여 있습니다.　[covered]

3. 남극 대륙은 평균적으로 가장 건조하며 가장 바람이 많이 부는 대륙입니다.　　　　　　　　　　　　[average]

4. 남극 대륙에서 영구적으로 사는 사람은 없습니다.

[permanently]

Grammar Focus

수동태: be동사 + 과거분사

동작의 대상이 되는 말이 주어 자리에 와서 'B는 A에 의해 ~되다'라는 의미가 되는 것을 수동태라고 합니다. 수동태를 만들 때 동사는 〈be동사 + 과거분사〉의 형태로 씁니다. 과거분사는 동사에 -(e)

d를 붙이거나, 혹은 불규칙 변화하기도 하니 외워두어야 합니다.

알맞은 단어를 고르세요.

1. 남극 대륙의 약 98%는 얼음으로 덮여 있습니다.　[covered]

2. 남극 대륙은 사막으로 여겨집니다.　　　　[considered]

3. 컴퓨터와 자동차는 처음 만들어졌을 때 발명품이었습니다.

[made]

Summary

본문을 요약하기 위해 빈칸에 알맞은 단어를 골라 채우세요.

다섯 번째의 / 영구적으로 / 대륙 / 얼음 / 사막

Antarctica is Earth's southernmost continent. It is the fifth-largest continent and is covered with ice. Because of its weather, Antarctica is considered a desert. No humans live in Antarctica permanently.

남극 대륙은 지구 최남단의 대륙입니다. 그곳은 다섯 번째로 큰 대륙이며, 얼음으로 덮여 있습니다. 그곳의 날씨 때문에 남극 대륙은 사막으로 여겨집니다. 남극 대륙에서 영구적으로 사는 사람은 없습니다.

Workbook　　　　별책 p. 9

Ⓐ **그림에 알맞은 단어를 골라 쓰세요.**

1. average　　**2.** human　　**3.** desert

4. windy　　**5.** consider　　**6.** thick

Ⓑ **그림을 보고 알맞은 단어에 동그라미 하세요.**

1. 남극 대륙은 남극에 위치하고 있습니다　　[ⓐ]

2. 지구 최남단의 대륙은 남극 대륙입니다.　　[ⓑ]

3. 그는 손으로 자신의 눈을 덮었습니다.　　[ⓐ]

4. 행복한 기억은 영원히 지속될 것입니다.　　[ⓑ]

| 본문 해석 | 호주

가장 작은 대륙은 남태평양에 있는 호주 섬입니다. 그곳은 하나의 국가만 포함하는 유일한 대륙입니다. 그곳의 대부분이 사막이기 때문에, 호주는 남극을 제외한 모든 대륙 중에 인구가 가장 적습니다.

호주는 다른 나머지 대륙에서 멀리 떨어져 있습니다. 그래서 그곳의 동물들은 세계 다른 지역에 있는 동물들과의 접촉 없이 발달해 왔습니다.

| 정답 |

Comprehension Checkup Ⓐ **1.** a **2.** a **3.** a **4.** c   Ⓑ **1.** F **2.** T

Vocabulary Focus Ⓐ **1.** d **2.** a **3.** c **4.** b

Ⓑ **1.** smallest **2.** contains **3.** far **4.** contact

Grammar Focus **1.** is **2.** was **3.** are

Summary smallest / nation / fewest / far / developed

| 삽화 말풍선 문장 | p.66

① 호주의 대부분은 사막이야.

② 야생 코알라는 호주에서만 발견돼.

| Vocabulary | p.67

· island 몡 섬

· contain 동 포함하다

· partly 뷔 부분적으로

· except 젠 ~을 제외하고

· far from ~로부터 멀리 떨어진

· develop 동 발달하다, 진화하다

· contact 몡 접촉

| Reading Focus | p.67

· 왜 호주는 남극 대륙을 제외한 모든 대륙 중에서 가장 사람이 적은가요?

· 왜 호주의 몇몇 동물은 호주에서만 발달해 왔나요?

| 본문 그림 자료 | p.68

· koala bear 코알라

| 문제 정답 및 해석 | p.69

Comprehension Checkup

Ⓐ **가장 알맞은 답을 고르세요.**

1. 본문은 주로 무엇에 관한 글입니까? [a]

a. 호주에 관한 사실과 위치

b. 호주에 사는 사람들

c. 호주와 그곳의 동물들

2. 호주는 어디에 있습니까? [a]

a. 남태평양에

b. 북태평양에

c. 남극에

3. 호주에 관해 사실인 것은 무엇입니까? [a]

a. 바다에 둘러싸여 있습니다.

b. 북태평양에 있습니다.

c. 세계에서 두 번째로 작은 대륙입니다.

4. 본문에서 무엇을 추론할 수 있습니까? [c]

a. 호주 사람들은 다른 국가로 이동하는 것을 꺼립니다.

b. 동물과 함께 출국하는 것은 호주에서 금지되어 있습니다.

c. 대륙의 위치는 그 지역의 동물의 발달에 영향을 끼칩니다.

B 맞는 문장은 T를, 맞지 않는 문장은 F를 고르세요.

1. 모든 대륙 중, 호주에 인구가 가장 적습니다. [F]

2. 호주의 많은 부분이 사막입니다. [T]

Vocabulary Focus

A 다음 단어를 알맞은 뜻과 연결하세요.

1. 섬 ---- **d.** 물로 둘러싸인 한 구획의 땅

2. ～을 제외하고 ---- **a.** ～을 포함하지 않고

3. ～로부터 멀리 떨어진 ---- **c.** 먼 거리만큼 떨어진

4. 발달하다, 진화하다 ---- **b.** 성장하고 변화하다

B 다음 빈칸에 알맞은 단어를 고르세요.

포함하다 / 가장 작은 / 접촉 / 멀리 떨어진

1. 가장 작은 대륙은 남태평양에 있는 호주 섬입니다. [smallest]

2. 호주는 단 하나의 국가를 포함하는 유일한 대륙입니다.

[contains]

3. 호주는 다른 나머지 대륙으로부터 멀리 떨어져 있습니다. [far]

4. 호주의 동물은 세계 다른 지역의 동물과의 접촉 없이 발달했습니다. [contact]

Grammar Focus

much와 many

much + 셀 수 없는 명사 + 단수 동사: 많은 ～
many + 셀 수 있는 명사 + 복수 동사: 많은 ～

much와 many는 '많음'이라는 뜻의 명사로도 사용됩니다. much는 셀 수 없는 것의 '양'이 많을 때 사용하고, many는 '수'가 많을 때 씁니다. much는 단수, many는 복수로 취급하기 때문에 현재 시제의 문장에서 much가 주어로 오면 단수 동사를 쓰고, many가 주어이면 복수 동사를 사용합니다.

알맞은 단어를 고르세요.

1. 호주의 많은 부분이 사막입니다. [is]

2. 그 집의 많은 부분이 더러웠습니다. [was]

3. 학생들 중 많은 수가 결석입니다. [are]

Summary

본문을 요약하기 위해 빈칸에 알맞은 단어를 골라 채우세요.

멀리 떨어진 / 가장 작은 / 발달했다 / 가장 적은 / 국가

Australia is the smallest continent and it has just one nation. Australia has the fewest people of all the continents except Antarctica. Australia is far from the other continents, so some of its animals have developed only in there.

호주는 가장 작은 대륙이며, 그곳은 단 하나의 국가를 포함합니다. 호주는 남극을 제외한 모든 대륙 중 인구가 가장 적습니다. 호주는 나머지 대륙들과 멀리 떨어져 있어서, 몇몇 동물은 그곳에서만 발달해 왔습니다.

Workbook

별책 p.10

A 그림에 알맞은 단어를 골라 쓰세요.

1. far from **2.** island **3.** develop

4. contact **5.** contain **6.** except

B 그림을 보고 알맞은 단어에 동그라미 하세요.

1. 컵에 물이 담겨있습니다. [ⓐ]

2. 선생님 옆의 한 소녀를 제외하고 모두 앉아 있습니다. [ⓐ]

3. 이 헤드폰은 부분적으로 깨져 있습니다. [ⓐ]

4. 이것은 많은 나무가 있는 섬입니다. [ⓑ]

| 본문 해석 | **아메리카의 과거**

아메리카 원주민들은 아메리카에 산 최초의 사람들이었습니다.

그러나 많은 세월이 지난 후, 탐험가들이 유럽에서 아메리카로 왔습니다. 초기 탐험가 중 한 명이 바로, 크리스토퍼 콜럼버스(1451-1506)였습니다. 콜럼버스는 스페인에서 항해를 시작했습니다. 항해하는 동안, 그는 자신이 아시아 대륙으로 가고 있다고 생각했습니다. 그러나 그는 북아메리카에 상륙했습니다. 그는 그 사실을 몰랐습니다.

콜럼버스가 상륙한 이후, 여러 국가의 탐험가들이 아메리카를 여행했습니다.

| 정답 |

Comprehension Checkup Ⓐ **1.** b **2.** a **3.** b **4.** c Ⓑ **1.** T **2.** T

Vocabulary Focus Ⓐ **1.** b **2.** d **3.** a **4.** c

Ⓑ **1.** Explorers **2.** sailed **3.** continent **4.** landed

Grammar Focus **1.** explorers **2.** Writers **3.** Farmers

Summary first / America / explorers / Spain / landed

| 삽화 말풍선 문장 | p.72

① 콜럼버스는 북아메리카에 도착했습니다.

② 탐험가들은 유럽에서 아메리카로 왔습니다.

| Vocabulary | p.73

• Native American 아메리카 원주민

• explorer 몡 탐험가

• early 혱 초기의

• sail 통 항해하다

• land 통 상륙하다, 도착하다

• arrive 통 도착하다

| Reading Focus | p.73

• 크리스토퍼 콜럼버스는 누구였나요?

• 콜럼버스가 상륙한 이후, 무슨 일이 일어났나요?

| 본문 그림 자료 | p.74

• Christopher Columbus 크리스토퍼 콜럼버스

• sailing to the New World 신세계로의 항해

| 문제 정답 및 해석 | p.75

Comprehension Checkup

Ⓐ 가장 알맞은 답을 고르세요.

1. 본문은 주로 무엇에 관한 글입니까? [b]

  a. 아메리카 원주민이 누구였는지

  b. 아메리카를 발견한 탐험가들

  c. 크리스토퍼 콜럼버스의 생애

2. 콜럼버스는 자신이 어디에 상륙했다고 생각했습니까? [a]

  a. 아시아

  b. 북아메리카

  c. 스페인

3. 콜럼버스가 상륙한 이후에 무슨 일이 일어났습니까? [b]

  a. 아메리카 원주민의 수가 증가했습니다.

  b. 많은 국가의 탐험가가 아메리카를 여행했습니다.

  c. 그의 선원들이 그들의 국가로 돌아갔습니다.

4. 본문에서 무엇을 추론할 수 있습니까? [c]

  a. 콜럼버스는 아시아가 가장 큰 대륙이라고 생각했습니다.

b. 아메리카 원주민은 유럽 탐험가를 환영했습니다.

c. 당시에는 많은 사람들이 새로운 세계를 탐험하기를 원했습니다.

B 맞는 문장은 T를, 맞지 않는 문장은 F를 고르세요.

1. 아메리카에 산 최초의 사람은 아메리카 원주민이었습니다.
[T]

2. 콜럼버스는 아메리카에 상륙한 탐험가입니다. [T]

Vocabulary Focus

A 다음 단어를 알맞은 뜻과 연결하세요.

1. 아메리카 원주민 ---- **b.** 미국에 거주한 최초의 집단

2. 탐험가 ---- **d.** 미지의 장소로 여행하는 사람

3. 항해하다 ---- **a.** 범선을 타고 물 위를 여행하다

4. 도착하다, 상륙하다 ---- **c.** 비행기나 배 등을 타고 어딘가에 도착하다

B 다음 빈칸에 알맞은 단어를 고르세요.

대륙 / 도착했다 / 항해했다 / 탐험가들

1. 탐험가들은 유럽에서 아메리카로 왔습니다. [Explorers]

2. 콜럼버스는 스페인에서부터 항해했습니다. [sailed]

3. 항해 중에 콜럼버스는 자신이 아시아 대륙으로 가고 있다고 생각했습니다. [continent]

4. 콜럼버스는 북아메리카에 상륙했습니다. [landed]

Grammar Focus

explore와 explorer

동사 + -(e)r → 명사(~하는 사람)

explore는 '탐험하다'라는 뜻의 동사입니다. 일반적으로, 동사 뒤에 -(e)r을 붙이면 '~하는 사람'이라는 뜻의 명사가 됩니다. explorer는 탐험하는 사람, 즉 '탐험가'라는 뜻의 단어가 됩니다.
farm(농사 짓다) – farmer(농부)

write(쓰다) – writer(작가)
paint(그리다) – painter(화가)

알맞은 단어를 고르세요.

1. 많은 세월이 지난 후, 탐험가들이 유럽에서 아메리카로 갔습니다. [explorers]

2. 작가들은 등장인물을 만들어 낼 수 있습니다. [Writers]

3. 농부들은 작물을 심기 위해 말과 쟁기를 사용했습니다. [Farmers]

Summary

본문을 요약하기 위해 빈칸에 알맞은 단어를 골라 채우세요.

스페인 / 최초의 / 탐험가들 / 상륙했다 / 아메리카

Native Americans were the first people to live in America. Many years later, explorers came to America from Europe. Columbus sailed from Spain and landed in North America.

아메리카 원주민은 아메리카에 산 최초의 사람이었습니다. 많은 세월이 지난 후, 탐험가들이 유럽에서 아메리카로 왔습니다. 콜럼버스는 스페인에서부터 항해해서 북아메리카에 상륙했습니다.

Workbook 별책 p.11

A 그림에 알맞은 단어를 골라 쓰세요.

1. early **2.** explorer **3.** sail

4. Native American **5.** land **6.** arrive

B 그림을 보고 알맞은 단어에 동그라미 하세요.

1. 그는 배로 항해하고 있습니다. [ⓐ]

2. 비행기가 활주로에 착륙했습니다. [ⓐ]

3. 탐험가는 지도와 나침반을 사용합니다. [ⓐ]

4. 초기 휴대폰은 크고 무거웠습니다. [ⓑ]

p.78

| 본문 해석 | **순례자들(필그림 파더스)**

순례자들은 메이플라워라는 배를 타고 영국에서 미국으로 갔던 한 무리의 사람들이었습니다. 순례자들은 영국 국교회와의 종교적인 차이 때문에 영국을 떠났습니다.

순례자들은 플리머스라는 식민지를 세웠습니다. 식민지는 다른 나라의 통치를 받는 곳입니다. 플리머스는 영국의 통치를 받았습니다. 식민지에 사는 사람을 식민지 주민이라고 부릅니다.

| 정답 |

Comprehension Checkup Ⓐ **1.**c **2.**b **3.**c **4.**b Ⓑ **1.**T **2.**T

Vocabulary Focus Ⓐ **1.**a **2.**d **3.**c **4.**b

Ⓑ **1.**Pilgrims **2.**differences **3.**colonist **4.**colony

Grammar Focus **1.**from / to **2.**from **3.**from / to

Summary traveled / ship / colony / country / ruled

| 삽화 말풍선 문장 | p.78

① 순례자들은 종교적인 차이 때문에 영국을 떠났어.

② 순례자들은 메이플라워호를 타고 이주했어.

| Vocabulary | p.79

• Pilgrim 몡 순례자(본 책에서는 미국 최초의 이주민인 필그림 파더스(Pilgrim Fathers)를 가리킴)

• travel 통 이주하다, 여행하다

• ship 몡 배

• religious 혱 종교적인

• difference 몡 차이

• colony 몡 식민지

• Plymouth 몡 플리머스(미국 매사추세츠주의 도시)

• rule 통 통치하다

• colonist 몡 식민지 주민

| Reading Focus | p.79

• 순례자들은 왜 영국을 떠났나요?

• 플리머스는 무엇인가요?

| 본문 그림 자료 | p.80

• the Pilgrims 순례자들

| 문제 정답 및 해석 | p.81

Comprehension Checkup

Ⓐ 가장 알맞은 답을 고르세요.

1. 본문은 주로 무엇에 관한 글입니까? [c]

a. 메이플라워호

b. 종교적인 차이

c. 순례자들과 식민지

2. 순례자들은 어떤 사람들이었습니까? [b]

a. 미국에서 영국으로 이주했던 사람들의 무리

b. 종교적 차이 때문에 영국을 떠난 사람들의 무리

c. 영국을 통치했던 사람들의 무리

3. 순례자들은 영국을 떠나 어디로 갔습니까? [c]

a. 아시아

b. 호주

c. 미국

4. 식민지는 무엇입니까? [b]

   a. 교회를 위한 곳

   b. 다른 나라의 지배를 받는 곳

   c. 순례자들을 위한 곳

B 맞는 문장은 T를, 맞지 않는 문장은 F를 고르세요.

1. 순례자들은 메이플라워호를 타고 이주했습니다. [T]

2. 식민지 주민은 식민지에 사는 사람입니다. [T]

Vocabulary Focus

A 다음 단어를 알맞은 뜻과 연결하세요.

1. 이주하다, 여행하다 ---- **a.** 한 곳에서 다른 곳으로 가다

2. 배 ---- **d.** 사람과 물건을 운반하는 커다란 배

3. 종교적인 ---- **c.** 종교와 관련된

4. 통치하다 ---- **b.** 국가나 지역 등을 지배하다

B 다음 빈칸에 알맞은 단어를 고르세요.

차이 / 순례자들 / 식민지 주민 / 식민지

1. 순례자들은 메이플라워라고 불리는 배를 타고 영국에서 미국으로 이주했습니다. [Pilgrims]

2. 순례자들은 종교적인 차이 때문에 영국을 떠났습니다. [differences]

3. 식민지에 사는 사람을 식민지 주민이라고 부릅니다. [colonist]

4. 식민지는 다른 나라에 의해 지배되는 곳입니다. [colony]

Grammar Focus

from A to B : A부터 B까지

전치사 from은 '~로부터', to는 '~까지'의 의미를 가지고 있습니다. from A to B는 'A부터 B까지', 'A에서 B로'라는 의미를 나타냅니다. 전치사 뒤에는 반드시 명사나 대명사, 혹은 동명사가 나옵니다.

상자에서 알맞은 단어를 골라 빈칸에 쓰세요.

~까지 / ~에서 / ~의 / ~에 의해 / ~을 위해

1. 순례자들은 메이플라워라는 배를 타고 영국에서 미국으로 갔던 한 무리의 사람들이었습니다. [from / to]

2. 많은 탐험가들이 유럽에서 미국으로 왔습니다. [from]

3. 나는 7시부터 9시까지 영어를 공부합니다. [from / to]

Summary

본문을 요약하기 위해 빈칸에 알맞은 단어를 골라 채우세요.

식민지 / 이주했다 / 나라 / 배 / 지배되는

The Pilgrims traveled from England to America on a ship called the *Mayflower*. The Pilgrims built a colony called Plymouth. A colony is a place ruled by another country. Plymouth was ruled by England.

순례자들은 메이플라워라고 불리는 배를 타고 영국에서 미국으로 이주했습니다. 순례자들은 플리머스라고 불리는 식민지를 세웠습니다. 식민지는 다른 나라에 의해 지배되는 곳입니다. 플리머스는 영국에 의해 지배되었습니다.

Workbook
별책 p.12

A 그림에 알맞은 단어를 골라 쓰세요.

1. Pilgrim   **2.** travel   **3.** ship

4. rule   **5.** difference   **6.** religious

B 그림을 보고 알맞은 단어에 동그라미 하세요.

1. 식민지는 다른 국가의 통치를 받는 곳입니다. [ⓐ]

2. 식민지에 사는 사람들은 식민지 주민이라 불립니다. [ⓑ]

3. 순례자들은 플리머스라 불리는 식민지를 세웠습니다. [ⓐ]

4. 이 꽃들은 모양에 차이가 있습니다. [ⓐ]

정답 및 해석 **47**

p.84

| 본문 해석 | **노예 제도**

미국에서 많은 주들이 노예 제도를 허가하는 법을 가지고 있었습니다. 노예 제도는 사람들이 노예를 소유하는 관행입니다. 많은 노예들은 자유나 보수 없이 일해야만 했습니다. 에이브러햄 링컨을 포함한 미국 북부 지역의 많은 사람들은 노예 제도를 반대하는 법을 원했습니다. 반면에, 남부 지역의 많은 사람들은 노예 제도를 유지하기를 원했습니다. 그들 사이에 미국 남북 전쟁이라고 하는 전쟁이 일어났습니다. 1865년에 전쟁이 끝난 후, 노예 제도는 위법이 되었습니다.

| 정답 |

Comprehension Checkup Ⓐ **1.** a **2.** c **3.** a **4.** b Ⓑ **1.** T **2.** F

Vocabulary Focus Ⓐ **1.** d **2.** c **3.** a **4.** b

　　　　　　　　　　Ⓑ **1.** allowed **2.** Slavery **3.** laws **4.** against

Grammar Focus **1.** against **2.** against **3.** against

Summary allowed / work / freedom / slavery / law

| 삽화 말풍선 문장 | p.84

① 미국에서 많은 주들이 노예 제도를 허용했어.

② 미국 남북 전쟁 이후에 노예 제도는 위법이 되었어.

| Vocabulary | p.85

• law 명 법

• allow 동 허가하다, 허락하다

• slavery 명 노예 제도

• freedom 명 자유

• pay 명 급료, 보수

• against 전 ~에 반대하여

| Reading Focus | p.85

• 노예 제도는 무엇인가요?

• 무엇 때문에 미국 남북 전쟁이 일어났나요?

| 본문 그림 자료 | p.86

• Abraham Lincoln 에이브러햄 링컨

• the American Civil War 미국 남북 전쟁

| 문제 정답 및 해석 | p.87

Comprehension Checkup

Ⓐ 가장 알맞은 답을 고르세요.

1. 본문은 주로 무엇에 관한 글입니까?　　　　　　　[a]

　a. 노예 제도와 미국 남북 전쟁

　b. 노예 제도에 반대한 법률

　c. 노예 제도에 찬성한 법률

2. 미국 남북 전쟁 이후 무슨 일이 일어났습니까?　　　[c]

　a. 노예 제도가 다시 시작되었습니다.

　b. 노예 제도가 허용되었습니다.

　c. 노예 제도가 위법이 되었습니다.

3. 누가 노예 제도에 반대했습니까?　　　　　　　　　[a]

　a. 미국 북부의 많은 사람들

　b. 미국 남부의 많은 사람들

　c. 미국의 모든 사람들

4. 본문에서 무엇을 추론할 수 있습니까?　　　　　　[b]

　a. 미국 남부 사람들은 매우 부유했습니다.

　b. 미국 북부 사람들은 자유가 중요하다고 생각했습니다.

c. 미국 북부 사람들은 노예 제도와 관련이 없었습니다.

B 맞는 문장은 T를, 맞지 않는 문장은 F를 고르세요.

1. 미국 남부 지역의 사람들은 노예 제도를 원했습니다.   [T]

2. 미국 남북 전쟁은 1865년에 시작되었습니다.   [F]

Vocabulary Focus

A 다음 단어를 알맞은 뜻과 연결하세요.

1. 허가하다, 허락하다 ---- **d.** 어떤 사람이 무엇을 해도 된다고 말하다

2. 법, 규칙 ---- **c.** 정부에 의해 만들어진 일련의 규칙

3. 급료, 보수 ---- **a.** 한 일에 대해 받는 돈

4. 자유 ---- **b.** 자유로운 상태

B 다음 빈칸에 알맞은 단어를 고르세요.

~에 반(대)하는 / 허가했다 / 노예 제도 / 법

1. 미국의 많은 주들은 노예 제도를 허가하는 법을 가지고 있었습니다.   [allowed]

2. 노예 제도는 사람들이 노예를 소유하는 관행입니다. [Slavery]

3. 미국 북부 지역의 많은 사람들은 노예 제도를 반대하는 법을 원했습니다.   [laws]

4. 미국 남북 전쟁이 끝난 후, 노예 제도는 법에 반하는 것이 되었습니다.   [against]

Grammar Focus

전치사 against

전치사 against는 '~에 반대하여', '~에 어긋나는', '~에 맞서' 등의 의미로 쓰입니다.

알맞은 단어를 고르세요.

1. 미국 북부 지역의 많은 사람들은 노예 제도에 반대하는 법을 원했습니다.   [against]

2. 1865년에 미국 남북 전쟁이 끝난 후, 노예 제도는 법에 반하는 것이 되었습니다.   [against]

3. 열심히 공부하는 것은 학급 규칙에 어긋나지 않습니다.   [against]

Summary

본문을 요약하기 위해 빈칸에 알맞은 단어를 골라 채우세요.

일하다 / 법 / 허가했다 / 노예 제도 / 자유

In the United States, many states had laws that allowed slavery. Many slaves had to work without freedom or pay. However, after the American Civil War, slavery became against the law.

미국에서 많은 주들이 노예 제도를 허가하는 법을 가지고 있었습니다. 많은 노예들은 자유나 보수 없이 일해야만 했습니다. 하지만 미국 남북 전쟁 이후 노예 제도는 법에 반하는 것이 되었습니다.

Workbook   별책 p.13

A 그림에 알맞은 단어를 골라 쓰세요.

1. against   **2.** pay   **3.** freedom

4. law   **5.** allow   **6.** slavery

B 그림을 보고 알맞은 단어에 동그라미 하세요.

1. 사람들은 법을 따라야만 합니다.   [ⓐ]

2. 이 표지판은 자동차가 좌회전하는 것을 허가합니다.   [ⓑ]

3. 교실에서 뛰는 것은 학급 규칙에 어긋납니다.   [ⓐ]

4. 자유의 여신상은 자유의 상징입니다.   [ⓐ]

| 정답 |

Review Vocabulary Test

Ⓐ **1.** explorer / 탐험가 **2.** desert / 사막 **3.** flow / 흐르다 **4.** allow / 허가하다, 허락하다

Ⓑ **1.** colony **2.** contains **3.** western **4.** Slavery

Ⓒ **1.** religious **2.** develop **3.** freedom **4.** sail **5.** thick **6.** ship **7.** spine

i	p	q	r	f	c	w	y
y	r	r	t	r	e	z	s
u	d	e	v	e	l	o	p
p	a	l	f	e	l	n	i
t	t	i	i	d	v	u	n
c	h	g	l	o	e	m	e
y	r	i	g	m	t	b	w
r	a	o	c	w	u	g	t
s	n	u	l	k	n	r	s
w	z	s	z	s	h	i	p

Review Grammar Test

Ⓐ **1.** like **2.** against **3.** to **4.** considered

Ⓑ **1.** Much of Australia is desert.

2. About 98% of Antarctica is covered with ice.

3. Many years later, some explorers came to America from Europe.

Review Vocabulary Test

Ⓐ 알맞은 단어와 우리말 뜻을 쓰세요.

1. 미지의 장소로 여행하는 사람   [explorer / 탐험가]

2. 비가 거의 오지 않는 넓고 건조한 지역   [desert / 사막]

3. 꾸준하고 연속적인 방식으로 움직이다   [flow / 흐르다]

4. 어떤 사람이 무엇을 해도 된다고 말하다

[allow / 허가하다, 허락하다]

Ⓑ 다음 빈칸에 알맞은 단어를 고르세요.

포함하다 / 노예 제도 / 식민지 / 서쪽에 위치한

1. 순례자들은 플리머스라고 불리는 식민지를 세웠습니다.

[colony]

2. 호주는 단 하나의 국가를 포함하는 유일한 대륙입니다.

[contains]

3. 안데스 산맥은 남아메리카의 서쪽에 있습니다.   [western]

4. 노예 제도는 사람들이 노예를 소유하는 관행입니다.

[Slavery]

Ⓒ 빈칸에 알맞은 단어를 쓰세요. 그 다음 퍼즐에서 그 단어들을 찾아 동그라미 하세요.

1. 종교와 관련된   [religious]

2. 성장하고 변화하다   [develop]

3. 자유로운 상태   [freedom]

4. 범선을 타고 물 위를 여행하다   [sail]

5. 양쪽 사이의 거리가 먼   [thick]

6. 사람과 물건을 운반하는 커다란 배   [ship]

7. 등의 중심을 따라 길게 내려가는 일련의 뼈   [spine]

Review Grammar Test

Ⓐ 알맞은 단어를 고르세요.

1. 그의 목소리는 재즈 노래처럼 듣기 좋습니다.   [like]

2. 1865년에 미국 남북 전쟁이 끝난 후 노예 제도는 법에 반하는 것이 되었습니다.   [against]

3. 순례자들은 메이플라워라는 배를 타고 영국에서 미국으로 이주했습니다.   [to]

4. 남극은 사막으로 여겨집니다.   [considered]

Ⓑ 밑줄 친 단어를 바르게 고친 다음 문장을 다시 쓰세요.

1. [Much of Australia is desert.]
호주의 많은 부분이 사막입니다.

2. [About 98% of Antarctica is covered with ice.]
남극 대륙의 약 98%는 얼음으로 덮여 있습니다.

3. [Many years later, some explorers came to America from Europe.]
많은 세월이 지난 후, 몇몇 탐험가들이 유럽에서 아메리카로 왔습니다.

p.94

| 본문 해석 | **늑대와 양치기 소년**

옛날에 양떼를 지키는 양치기 소년이 한 명 있었습니다. 근처 숲 속에는 양들을 잡아먹을 수 있는 늑대 한 마리가 살고 있었습니다. 하루 종일 혼자 있던 소년은 따분해졌습니다. 그래서 어느 날, 소년은 장난을 쳤습니다. "늑대야! 늑대야!" 그는 소리쳤고, 마을 사람들이 양떼를 지키기 위해 달려왔습니다. 그러나 소년이 장난쳤다는 것을 알게 된 마을 사람들은 화가 났습니다. 그들은 일터로 돌아갔습니다. 그러나 소년은 또다시 장난을 쳤습니다. 마을 사람들은 또 달려왔고 소년에게 장난치지 말라고 주의를 주었습니다.

어느 날, 큰 늑대 한 마리가 정말로 양떼를 습격했습니다. 소년은 겁에 질려서 외쳤습니다. "늑대야! 늑대야!" 그러나 이번에는 마을 사람들은 소년의 외침에 전혀 신경 쓰지 않았습니다. 늑대는 많은 양들을 해쳤고, 소년은 죄책감을 느꼈습니다.

| 정답 |

Comprehension Checkup Ⓐ **1.** b **2.** a **3.** c **4.** c Ⓑ **1.** F **2.** F

Vocabulary Focus Ⓐ **1.** c **2.** d **3.** a **4.** b

Ⓑ **1.** shepherd **2.** bored **3.** protect **4.** guilty

Grammar Focus **1.** grew **2.** cried **3.** got **4.** felt **5.** warned **6.** paid

Summary sheep / joke / warned / attacked / villagers

| 삽화 말풍선 문장 | p.94

① 양치기 소년은 계속 장난을 쳤어.

② 그래서 마을 사람들은 관심을 갖지 않게 되었어.

| Vocabulary | p.95

• shepherd 명 양치기

• flock 명 떼

• bored 형 지루한, 따분한

• protect 동 보호하다

• warn 동 경고하다

• attack 동 공격하다

• panic 동 겁에 질리다, 허둥대다

• guilty 형 죄책감이 드는

| Reading Focus | p.95

• 양치기 소년은 왜 계속 장난을 쳤나요?

• 마을 사람들은 늑대가 많은 양을 해치고 있을 때 왜 달려 오지 않았나요?

| 문제 정답 및 해석 | p.97

Comprehension Checkup

Ⓐ 가장 알맞은 답을 고르세요.

1. 본문은 주로 무엇에 관한 이야기입니까? [b]

  a. 양을 돌보는 방법

  b. 너무 많은 장난을 친 결과

  c. 늑대 잡는 방법

2. 양치기 소년은 왜 장난을 쳤습니까? [a]

  a. 지루해 졌기 때문에

  b. 늑대를 봤기 때문에

  c. 마을 사람들과 이야기하고 싶었기 때문에

3. 마을 사람들은 왜 달려왔습니까? [c]

  a. 늑대를 보고 싶었기 때문에

  b. 소년과 놀고 싶었기 때문에

  c. 양을 보호하기 싶었기 때문에

4. 큰 늑대가 정말로 양을 공격했을 때 무슨 일이 일어났습니까?

    a. 양치기 소년은 "늑대야!"라고 외칠 수 없었습니다.   [c]

    b. 양치기 소년은 양을 보호했습니다.

    c. 양치기 소년은 "늑대야!"라고 외쳤지만, 아무도 그를 돕지 않았습니다.

Ⓑ 맞는 문장은 T를, 맞지 않는 문장은 F를 고르세요.

1. 양치기 소년은 양떼와 함께 놀고 있었습니다.   [F]

2. 마을 사람들은 늑대를 해치고 양을 보호했습니다.   [F]

Vocabulary Focus

Ⓐ 다음 단어를 알맞은 뜻과 연결하세요.

1. 떼 ---- **c.** 양 또는 새의 무리

2. 보호하다 ---- **d.** 어떤 사람 혹은 어떤 것이 해를 입지 않도록 막다

3. 경고하다 ---- **a.** 누군가에게 나쁜 일이 일어날지도 모른다고 말하다

4. 공격하다 ---- **b.** 누군가를 다치게 하려고 하다

Ⓑ 다음 빈칸에 알맞은 단어를 고르세요.

따분한 / 죄책감이 드는 / 보호하다 / 양치기

1. 옛날에 양떼를 지키는 양치기 소년이 있었습니다. [shepherd]

2. 하루 종일 혼자였던 소년은 따분해졌습니다.   [bored]

3. 마을 사람들이 양을 보호하기 위해 달려왔습니다. [protect]

4. 늑대는 많은 양들을 해쳤고, 소년은 죄책감을 느꼈습니다.

                                               [guilty]

Grammar Focus

동사의 과거형

과거에 일어난 일을 말할 때는 동사를 과거형으로 써야 합니다. 대부분의 동사들은 과거형으로 쓸 때 동사원형에 -(e)d를 붙이면 됩니다. 하지만, 과거형이 완전히 다르게 변하는 동사들도 있으므로 이런 불규칙 동사들은 따로 외워 두어야 합니다.

grow – grew   get – got

feel – felt   pay – paid

다음 동사들의 과거형을 쓰세요.

1. 자라다 [grew]   **4.** 느끼다 [felt]

2. 울다 [cried]   **5.** 경고하다 [warned]

3. 가지다 [got]   **6.** 지불하다 [paid]

Summary

본문을 요약하기 위해 빈칸에 알맞은 단어를 골라 채우세요.

마을 사람들 / 공격했다 / 경고했다 / 양 / 장난, 농담

There was a shepherd boy who watched over a flock of sheep. When the boy grew bored, he played a joke. He cried, "Wolf! Wolf!" and the villagers came running. They warned him not to play jokes. One day, a big wolf attacked the sheep. The boy cried, "Wolf! Wolf!" but this time, the villagers did not come.

옛날에 양떼를 지키는 양치기 소년이 있었습니다. 소년은 따분해지자 장난을 쳤습니다. 그는 "늑대야! 늑대야!"라고 외쳤고, 마을 사람들이 달려왔습니다. 사람들은 소년에게 장난치지 말라고 경고했습니다. 어느 날, 커다란 늑대가 양을 공격했습니다. 소년이 "늑대야! 늑대야!"라고 외쳤지만, 이번에는 마을 사람들이 오지 않았습니다.

Workbook   별책 p.14

Ⓐ 그림에 알맞은 단어를 골라 쓰세요.

1. panic   **2.** warn   **3.** attack

4. bored   **5.** protect   **6.** flock

Ⓑ 그림을 보고 알맞은 단어에 동그라미 하세요.

1. 그는 양치기입니다.   [ⓐ]

2. 나무를 심는 것은 지구를 보호하는 방법 중 하나입니다.

                                             [ⓑ]

3. 이것은 새떼입니다.   [ⓐ]

4. 그녀는 거짓말에 죄책감을 느낍니다.   [ⓑ]

p.100

| 본문 해석 | **소녀와 우유통**

페기는 우유 짜는 소녀였습니다. 어느 이른 아침, 그녀는 머리 위에 한 통의 신선한 우유를 이고 시장으로 떠났습니다. 그녀는 우유를 판매하려 했습니다. 길을 따라 걸으면서, 그녀는 생각했습니다. '이 우유를 팔아 버는 돈으로, 살찐 암탉 몇 마리를 살 수 있어. 암탉들이 싱싱한 알을 낳을 거야. 그리고 더 많은 병아리들을 부화시키겠지. 그러면 그들을 판매할 거야. 그 돈으로 나는 파란 드레스와 파란 리본을 살 수 있어. 나는 정말 아름답게 보일 거고, 다른 모든 친구들이 나를 부러워하게 될 거야. 하지만 나는 신경 쓰지 않을 거야. 나는 그들을 향해 그냥 머리를 홱 젖혀 보일 거야. 이렇게 말이야!' 우유통을 깜빡 잊고 페기는 그녀의 머리를 홱 젖혔고, 우유가 쏟아져 흙길 위에서 사라져 버렸습니다. 그녀는 빈손으로 집에 돌아갔습니다.

| 정답 |

Comprehension Checkup Ⓐ **1.** b **2.** b **3.** c **4.** a Ⓑ **1.** T **2.** T

Vocabulary Focus Ⓐ **1.** a **2.** c **3.** b **4.** d

Ⓑ **1.** pail **2.** buy **3.** hens **4.** disappeared

Grammar Focus **1.** on **2.** With

Summary pail / money / hatch / toss / spilled

| 삽화 말풍선 문장 | p.100

① 페기는 우유를 판매하러 가는 길이었어.
② 하지만 그녀는 우유를 쏟아버렸어.

| Vocabulary | p.101

- pail 몡 통, 양동이
- hen 몡 암탉
- envy 동 부러워하다
- toss 동 (고개를) 홱 젖히다
- spill 동 쏟아지다, 엎질러지다
- disappear 동 사라지다

| Reading Focus | p.101

- 암탉은 무엇인가요?
- 페기의 꿈은 무엇이었나요?

| 문제 정답 및 해석 | p.103

Comprehension Checkup

Ⓐ 가장 알맞은 답을 고르세요.

1. 본문은 주로 무엇에 관한 이야기입니까? [b]
   a. 우유를 팔아 돈을 버는 것
   b. 어떠한 성과도 없이 너무 많은 계획만 세우는 것
   c. 길에 우유를 쏟는 것

2. 페기는 우유통을 어떻게 가지고 갔습니까? [b]
   a. 그녀는 그것을 안고 갔습니다.
   b. 그녀는 그것을 머리에 이고 갔습니다.
   c. 그녀는 그것을 손에 들고 갔습니다.

3. 페기는 왜 우유를 엎질렀습니까? [c]
   a. 발이 걸려서 넘어졌기 때문에
   b. 누군가와 부딪혔기 때문에
   c. 머리를 젖혔기 때문에

4. 페기는 무엇을 가지고 집으로 돌아왔습니까? [a]

   a. 그녀는 빈손으로 집에 돌아왔습니다.

   b. 그녀는 우유를 가지고 집으로 돌아왔습니다.

   c. 그녀는 돈을 가지고 집으로 돌아왔습니다.

Ⓑ **맞는 문장은 T를, 맞지 않는 문장은 F를 고르세요.**

1. 페기는 우유 한 통을 머리에 이고 시장으로 떠났습니다.   [T]

2. 페기는 우유를 엎질렀고, 우유는 길 위에서 사라졌습니다. [T]

Vocabulary Focus

Ⓐ **다음 단어를 알맞은 뜻과 연결하세요.**

1. 통, 양동이 ---- **a.** 양동이, 들통

2. 암탉 ---- **c.** 암컷 닭

3. 부러워하다 ---- **b.** 다른 누군가가 가지고 있는 것을 가지고
싶어하다

4. 쏟아지다 ---- **d.** 우연히 그릇 밖으로 나오다

Ⓑ **다음 빈칸에 알맞은 단어를 고르세요.**

암탉들 / 사라졌다 / 사다 / 통

1. 페기는 신선한 우유 한 통을 머리에 이고 시장으로 떠났습니다.

                                           [pail]

2. 길을 따라 걸으면서, 페기는 '나는 살찐 암탉을 살 수 있을 거야.'
라고 생각했습니다.   [buy]

3. 암탉들은 신선한 알을 낳을 거야.   [hens]

4. 우유가 쏟아져 흙길 위에서 <u>사라져 버렸습니다.</u>

                                    [disappeared]

Grammar Focus

전치사 on, with

전치사 on이 '~의 위에'라는 의미로 쓰일 때는 뒤에 장소나 위치
를 나타내는 말이 옵니다. 전치사 with는 '~을 가지고'라는 의미가
있습니다.

알맞은 단어를 고르세요.

1. 페기는 머리 <u>위에</u> 한 통의 신선한 우유를 이고 시장으로 떠났
습니다.   [on]

2. 이 우유를 팔아 버는 돈<u>으로</u>, 나는 살찐 암탉 몇 마리를 살 수
있어.   [With]

Summary

본문을 요약하기 위해 빈칸에 알맞은 단어를 골라 채우세요.

부화시키다 / (고개를) 젖히다 / 돈 / 통 / 쏟아졌다

Peggy was a milkmaid. She carried a pail of milk to
sell at the market. She thought, 'After making money,
I can buy some hens, let them hatch more chickens,
and sell them. Then I can buy a dress! I'll toss my
head at girls who envy me.' However, she spilled the
milk and returned with nothing.

페기는 우유 짜는 소녀였습니다. 그녀는 우유 한 통을 시장에 팔러
갔습니다. 페기는 생각했습니다. '이 우유로 돈을 번 다음에, 나는 살
찐 암탉을 살 수 있어. 암탉이 더 많은 병아리를 부화시키도록 하고,
판매할 거야. 그러면 나는 드레스를 살 수 있어! 그럼 나는 나를 부
러워하는 친구들을 향해 머리를 홱 젖혀야지.' 하지만 그녀는 우유
를 쏟아버려서 아무것도 없이 돌아왔습니다.

Workbook 별책 p.15

Ⓐ **그림에 알맞은 단어를 골라 쓰세요.**

1. toss   **2.** hen   **3.** pail

4. spill   **5.** disappear   **6.** envy

Ⓑ **그림을 보고 알맞은 단어에 동그라미 하세요.**

1. 그는 양동이를 운반하고 있습니다.   [ⓐ]

2. 얼음은 녹아 사라질 것입니다.   [ⓑ]

3. 암탉 한 마리가 달리고 있습니다.   [ⓐ]

4. 그는 셔츠에 커피를 쏟았습니다.   [ⓐ]

p.106

| 본문 해석 | **멜로디와 리듬**

노래를 부를 때, 당신이 노래하고 있는 부분이 멜로디입니다. 그것은 음들의 집합입니다. 멜로디는 피아노나 기타와 같은 악기로 연주될 수 있습니다. 멜로디에는 리듬이 있습니다. 리듬은 음의 길이입니다. 그것은 노래가 연주되는 동안 드럼을 치거나, 손뼉을 치거나, 발을 구르는 것입니다.

| 정답 |

Comprehension Checkup Ⓐ **1.** c **2.** b **3.** b **4.** b Ⓑ **1.** T **2.** T

Vocabulary Focus Ⓐ **1.** d **2.** a **3.** b **4.** c

Ⓑ **1.** melody **2.** instruments **3.** Rhythm **4.** clap

Grammar Focus **1.** Tap with your toes while a song is playing.

2. He was doing homework while I was sleeping.

Summary melody / notes / piano / rhythm / played

| 삽화 말풍선 문장 | p. 106

① 사람들이 노래하는 부분이 멜로디야.

② 사람들은 악기를 사용해 리듬을 연주할 수 있어.

| Vocabulary | p. 107

· melody 몡 멜로디

· note 몡 음, 음표

· instrument 몡 악기

· rhythm 몡 리듬

· length 몡 길이

· clap 됭 박수 치다

· tap 됭 (가볍게) 두드리다

| Reading Focus | p. 107

· 멜로디는 무엇인가요?

· 리듬은 무엇인가요?

| 본문 그림 자료 | p. 108

· playing the drums 드럼 연주

· clapping hands 손뼉 치기

· tapping feet 발 구르기

| 문제 정답 및 해석 | p. 109

Comprehension Checkup

Ⓐ 가장 알맞은 답을 고르세요.

1. 본문은 주로 무엇에 관한 글입니까? [c]

a. 노래를 잘 부르는 방법

b. 피아노나 기타로부터 나오는 멜로디

c. 음악의 중요한 두 가지 요소

2. 멜로디는 무엇입니까? [b]

a. 음의 길이입니다.

b. 노래하는 부분입니다.

c. 발을 구르는 것입니다.

3. 리듬은 무엇입니까? [b]

a. 음의 집합입니다.

b. 음의 길이입니다.

c. 노래하는 부분입니다.

4. 리듬을 연주하는 방법이 아닌 것은 무엇입니까? [b]

a. 발 구르기

b. 음악 듣기

c. 손뼉 치기

B 맞는 문장은 T를, 맞지 않는 문장은 F를 고르세요.

1. 멜로디는 피아노로 연주될 수 있습니다. [T]

2. 드럼으로 연주하는 것은 리듬입니다. [T]

Vocabulary Focus

A 다음 단어를 알맞은 뜻과 연결하세요.

1. 음, 음표 ---- **d.** 음악적인 소리 또는 그 소리를 나타내는 부호

2. 악기 ---- **a.** 음악을 만들기 위해 연주하는 것

3. 길이 ---- **b.** 무슨 일이 일어나는 동안의 시간의 양

4. (가볍게) 두드리다 ---- **c.** 어떤 것을 손가락이나 발로 가볍게 치다

B 다음 빈칸에 알맞은 단어를 고르세요.

리듬 / 악기 / 박수 치다 / 멜로디

1. 노래할 때 여러분이 노래하고 있는 부분이 멜로디입니다.
[melody]

2. 멜로디는 악기들로 연주될 수 있습니다. [instruments]

3. 리듬은 음의 길이입니다. [Rhythm]

4. 리듬은 노래가 연주되는 동안 여러분이 손뼉을 치는 것입니다.
[clap]

Grammar Focus

접속사 while

접속사 while은 두 문장을 연결하는 역할을 하며 '~하는 동안에'라는 의미를 나타냅니다.

보기와 같이 'while'을 사용하여 두 문장을 합쳐 쓰세요.

1. [Tap with toes while a song is playing.]
노래가 연주되는 동안 발을 굴러 보세요.

2. [He was doing homework while I was sleeping.]
내가 자고 있는 동안 그는 숙제를 하고 있었습니다.

Summary

본문을 요약하기 위해 빈칸에 알맞은 단어를 골라 채우세요.

음 / 멜로디 / 리듬 / 연주되는 / 피아노

You sing a melody. It is a group of notes. Melodies can be played on instruments like the piano. Melodies have rhythm that is the length of notes. Rhythm can be played on the drums.

여러분은 멜로디를 노래합니다. 멜로디는 음의 집합입니다. 멜로디는 피아노와 같은 악기로 연주될 수 있습니다. 멜로디에는 음의 길이인 리듬이 있습니다. 리듬은 드럼으로 연주될 수 있습니다.

Workbook 별책 p.16

A 그림에 알맞은 단어를 골라 쓰세요.

1. rhythm **2.** instrument **3.** length

4. clap **5.** note **6.** tap

B 그림을 보고 알맞은 단어에 동그라미 하세요.

1. 그는 소년의 어깨를 두드리고 있습니다. [ⓐ]

2. 그녀는 피아노로 멜로디를 연주하고 있습니다. [ⓑ]

3. 자는 길이를 측정하기 위해 사용됩니다. [ⓐ]

4. 종이 한 장에 음표들이 있습니다. [ⓐ]

Enjoying Music

| 본문 해석 | **음악 감상**

사람들은 음악을 들으면서 즐길 수 있습니다. 그들은 콘서트에 가거나, TV, 컴퓨터, 휴대폰을 포함한 다양한 장치를 통해 음악을 들을 수 있습니다. 사람들은 또한 피아노, 기타, 바이올린, 그리고 플루트 같은 악기를 연주하는 법을 배우면서 음악을 즐길 수 있습니다. 사람들은 음악을 만드는 것을 배울 수 있습니다. 음악을 만드는 것은 쉽지 않지만, 음악을 즐기는 하나의 방법입니다.

| 정답 |

Comprehension Checkup Ⓐ **1.**a **2.**a **3.**b **4.**a Ⓑ **1.**T **2.**F

Vocabulary Focus Ⓐ **1.**c **2.**a **3.**b **4.**d

Ⓑ **1.**concerts **2.**mobile phones **3.**learn **4.**way

Grammar Focus **1.**is **2.**is **3.**was

Summary listening / enjoy / play / make / way

| 삽화 말풍선 문장 | p.112

① 음악을 즐기기 위한 많은 방법이 있어.

② 사람들은 악기 연주를 배워서 음악을 즐길 수 있어.

| Vocabulary | p.113

• enjoy 동 즐기다

• listen 동 듣다

• concert 명 콘서트, 연주회

• mobile phone 명 휴대폰

• learn 동 배우다

• violin 명 바이올린

• flute 명 플루트

• way 명 방법, 방식

| Reading Focus | p.113

• 사람들은 어떻게 음악을 즐길 수 있나요?

• 음악을 즐기기 위해 무엇을 하나요?

| 본문 그림 자료 | p.114

How to Enjoy Music 음악을 즐기는 방법

• playing the violin 바이올린 연주

• playing the piano 피아노 연주

• going to a concert 콘서트에 가는 것

• listening with a phone 휴대폰으로 듣기

• playing the guitar 기타 연주

• listening with a computer 컴퓨터로 듣기

| 문제 정답 및 해석 | p.115

Comprehension Checkup

Ⓐ **가장 알맞은 답을 고르세요.**

1. 본문은 주로 무엇에 관한 글입니까? [a]

   a. 음악을 즐기는 방법

   b. 음악을 듣는 방법

   c. 악기를 연주하는 방법

2. 본문에 따르면, 음악을 즐기는 방법이 아닌 것은 무엇입니까?

   a. 악기를 구입하는 것 [a]

   b. 콘서트에 가는 것

   c. 음악 만드는 방법을 배우는 것

3. 본문에서 컴퓨터는 왜 언급되었습니까? [b]

   a. 음악을 만드는 도구를 제안하기 위해서

   b. 음악을 듣는 방법의 예시를 들기 위해서

c. 악기를 연주하는 방법을 설명하기 위해서

4. 본문에서 무엇을 추론할 수 있습니까?   [a]
   a. 음악을 만드는 것은 음악을 즐기는 어려운 방법입니다.
   b. 피아노, 기타, 바이올린, 플루트는 배우기 쉽습니다.
   c. 휴대폰은 음악을 듣는 가장 인기 있는 방법입니다.

B 맞는 문장은 T를, 맞지 않는 문장은 F를 고르세요.

1. 사람들은 컴퓨터로 음악을 들을 수 있습니다.   [T]
2. 음악을 만드는 것은 음악을 즐기는 유일한 방법입니다.   [F]

Vocabulary Focus

A 다음 단어를 알맞은 뜻과 연결하세요.

1. 듣다 ---- c. 들리는 소리에 주의를 기울이다
2. 즐기다 ---- a. 어떤 것을 하거나 보는 것을 좋아하다
3. 배우다 ---- b. 지식이나 기술을 얻다
4. 방법 ---- d. 무엇을 어떻게 하는지

B 다음 빈칸에 알맞은 단어를 고르세요.

콘서트 / 방법 / 배우다 / 휴대폰

1. 사람들은 음악을 즐기기 위해 콘서트에 갈 수 있습니다.
                                        [concerts]
2. 사람들은 휴대폰을 통해 음악을 들을 수 있습니다.
                                    [mobile phones]
3. 사람들은 악기를 연주하는 법을 배울 수 있습니다.   [learn]
4. 음악을 만드는 것은 쉽지 않지만, 음악을 즐기는 하나의 방법
   입니다.   [way]

Grammar Focus

동명사: 동사원형 + -ing

동명사는 동사에 -ing를 붙인 형태로, '〜하기', '〜하는 것'이라는
의미를 나타낼 수 있습니다. 동사를 명사로 바꾼 것이므로 동명사

라고 부르는 것입니다. 동명사가 주어 자리에 쓰이면 단수 취급을
합니다.

알맞은 단어를 고르세요.

1. 음악을 만드는 것은 쉽지 않습니다.   [is]
2. 패스트푸드를 먹는 것은 건강에 안 좋습니다.   [is]
3. 빙판길에서 운전하는 것은 위험했습니다.   [was]

Summary

본문을 요약하기 위해 빈칸에 알맞은 단어를 골라 채우세요.

만들다 / 연주하다 / 듣는 것 / 방법 / 즐기다

People can enjoy music by listening to it. People
also can enjoy music by learning to play instruments.
People can learn to make music. Making music is
another way to enjoy music.

사람들은 음악을 듣는 것으로써 음악을 즐길 수 있습니다. 사람들
은 또 악기를 연주하는 법을 배움으로써 음악을 즐길 수도 있습니
다. 사람들은 음악을 만드는 것을 배울 수 있습니다. 음악을 만드는
것은 음악을 즐기는 또 하나의 방법입니다.

Workbook   별책 p.17

A 그림에 알맞은 단어를 골라 쓰세요.

1. way   2. listen   3. flute
4. violin   5. enjoy   6. learn

B 그림을 보고 알맞은 단어에 동그라미 하세요.

1. 그들은 요리하는 것을 즐깁니다.   [ⓐ]
2. 많은 사람들이 콘서트에 모였습니다.   [ⓐ]
3. 그는 휴대폰으로 통화하고 있습니다.   [ⓑ]
4. 그녀는 수영하는 방법을 배우고 있습니다.   [ⓐ]

| 정답 |

Review Vocabulary Test

Ⓐ **1.** hen / 암탉   **2.** spill / 쏟아지다   **3.** enjoy / 즐기다   **4.** warn / 경고하다

Ⓑ **1.** disappeared   **2.** learning   **3.** shepherd   **4.** melody

Ⓒ **1.**　　　　　　　p　a　i　l

2. i　n　s　t　r　u　m　e　n　t

3.　　　　n　o　t　e

4.　　l　i　s　t　e　n

5.　　　　e　n　v　y

6.　　f　l　o　c　k

7. l　e　n　g　t　h

➡ protect

Review Grammar Test

Ⓐ **1.** while   **2.** paid   **3.** on   **4.** is

Ⓑ **1.** Alone all day, the boy grew bored.

2. Making music is not easy, but it is one way to enjoy music.

3. With the money I make from this milk, I can buy some fat hens.

Review Vocabulary Test

A 알맞은 단어와 우리말 뜻을 쓰세요.

1. 암컷 닭   [hen / 암탉]

2. 우연히 그릇 밖으로 나오다   [spill / 쏟아지다]

3. 어떤 것을 하거나 보는 것을 좋아하다   [enjoy / 즐기다]

4. 누군가에게 나쁜 일이 일어날지도 모른다고 말하다

                                     [warn / 경고하다]

B 다음 빈칸에 알맞은 단어를 고르세요.

멜로디 / 양치기 / 배우는 것 / 사라졌다

1. 우유가 쏟아졌고, 흙길 위에서 사라졌습니다.

                                 [disappeared]

2. 사람들은 악기 연주를 배우는 것으로써 음악을 즐길 수 있습니다.   [learning]

3. 옛날에 양떼를 지키는 양치기 소년이 있었습니다.

                                 [shepherd]

4. 노래할 때, 여러분이 노래하는 부분이 멜로디입니다.

                                 [melody]

C 단어를 완성하고, 질문에 답하세요.

1. 양동이   [pail]

2. 음악을 만들기 위해 연주하는 것   [instrument]

3. 음악적인 소리 또는 그 소리를 나타내는 부호   [note]

4. 들리는 소리에 주의를 기울이다   [listen]

5. 다른 누군가가 가지고 있는 어떤 것을 가지고 싶어 하다 [envy]

6. 양 또는 새의 무리   [flock]

7. 무슨 일이 일어나는 동안의 시간의 양   [length]

색 상자 안의 단어는 무엇인가요? ➡ [protect(보호하다)]

Review Grammar Test

A 알맞은 단어를 고르세요.

1. 노래가 연주되는 동안 발을 굴러 보세요.   [while]

2. 마을 사람들은 그 소년의 외침에 신경 쓰지 않았습니다.

                                       [paid]

3. 페기는 머리 위에 한 통의 우유를 이고 시장으로 떠났습니다.

                                         [on]

4. 패스트푸드를 먹는 것은 건강에 안 좋습니다.   [is]

B 밑줄 친 단어를 바르게 고친 다음 문장을 다시 쓰세요.

1. [Alone all day, the boy grew bored.]

하루 종일 혼자 있던 소년은 따분해졌습니다.

2. [Making music is not easy, but it is one way to enjoy music.]

음악을 만드는 것은 쉽지 않지만, 음악을 즐기는 하나의 방법입니다.

3. [With the money I make from this milk, I can buy some fat hens.]

이 우유를 팔아 버는 돈으로, 나는 살찐 암탉 몇 마리를 살 수 있어.

p.122

| 본문 해석 | **타히티 풍경**

이 그림을 보는 동안 무엇이 느껴지나요?

폴 고갱의 〈타히티 풍경〉에서, 그는 빨간색, 노란색, 주황색처럼 밝고 따뜻한 색을 사용했습니다. 그의 의도를 느낄 수 있나요?

그는 우리가 태양의 온기를 느끼고 열대 지방의 풍경을 상상할 수 있도록 해 주고 싶었습니다.

이제 고갱의 그림을 다시 보세요. 그리고 여러분이 찾을 수 있는 밝고 따뜻한 색을 모두 짚어 보세요.

| 정답 |

Comprehension Checkup Ⓐ **1.** c **2.** a **3.** c **4.** c Ⓑ **1.** F **2.** T

Vocabulary Focus Ⓐ **1.** b **2.** a **3.** d **4.** c

Ⓑ **1.** painting **2.** intention **3.** scenery **4.** Point

Grammar Focus **1.** Can you feel his intention? **2.** Can you help me?

3. Can you walk to school?

Summary warm / orange / feel / tropical / painting

| 삽화 말풍선 문장 | p.122

① 폴 고갱은 한때 타히티에 살았어.

② 따뜻한 색은 우리가 태양의 온기를 느끼게 해.

| Vocabulary | p.123

• landscape 몡 풍경
• bright 형 밝은
• intention 몡 의도
• warmth 몡 온기
• tropical 형 열대 지방의
• scenery 몡 풍경
• painting 몡 그림
• point 통 가리키다

| Reading Focus | p.123

• 폴 고갱은 누구였나요?
• 따뜻한 색깔은 무엇인가요?

| 문제 정답 및 해설 | p.125

Comprehension Checkup

Ⓐ 가장 알맞은 답을 고르세요.

1. 본문은 주로 무엇에 관한 글입니까? [c]
   a. 폴 고갱과 그의 삶
   b. 위대한 풍경
   c. 폴 고갱의 작품들 중 하나

2. 고갱은 밝고 따뜻한 색을 사용하여 무엇을 하고 싶어 했습니까? [a]
   a. 그는 우리가 태양의 온기를 느끼도록 하고 싶었습니다.
   b. 그는 우리가 그의 고통을 느끼도록 하고 싶었습니다.
   c. 그는 우리가 따뜻한 색을 찾도록 하고 싶었습니다.

3. 본문에서 노란색은 왜 언급되었습니까? [c]
   a. 고갱이 좋아한 색을 보여주기 위해서
   b. 타히티 사람들이 가장 좋아하는 색을 보여주기 위해서
   c. 그림에 사용된 따뜻한 색의 예시를 들기 위해서

4. 본문에서 무엇을 추론할 수 있습니까?　　　　　[c]

  a. 고갱은 타히티에 오래 살았습니다.

  b. 고갱은 그의 작품에서 시원한 색보다 따뜻한 색을 더 자주 사용했습니다.

  c. 고갱은 타히티의 풍경을 표현하는 데 따뜻한 색이 완벽하다고 생각했습니다.

Ⓑ **맞는 문장은 T를, 맞지 않는 문장은 F를 고르세요.**

1. 〈타히티 풍경〉에서, 고갱은 시원한 색을 사용했습니다.　[F]

2. 고갱은 태양과 열대 지방의 풍경을 그렸습니다.　[T]

Vocabulary Focus

Ⓐ **다음 단어를 알맞은 뜻과 연결하세요.**

1. 풍경 ---- **b.** 어떤 지역에 펼쳐지는 경치

2. 온기 ---- **a.** 약간 더운 상태

3. 밝은 ---- **d.** 빛이 많거나 빛나는

4. 가리키다 ---- **c.** 손가락으로 방향을 가리키다

Ⓑ **다음 빈칸에 알맞은 단어를 고르세요.**

가리키다 / 의도 / 풍경 / 그림

1. 이 그림을 보는 동안 무엇이 느껴지나요?　　[painting]

2. 그의 의도를 느낄 수 있나요?　　　　　　　[intention]

3. 그는 우리가 열대 지방의 풍경을 상상할 수 있도록 해 주고 싶었습니다.　　　　　　　　　　　　　　　[scenery]

4. 여러분이 찾을 수 있는 밝고 따뜻한 색을 모두 가리켜 보세요.　　　　　　　　　　　　　　　　　　[Point]

Grammar Focus

조동사 can의 의문문

Can + 주어 + 동사원형 ～? : ～할 수 있나요?

조동사 can이 쓰인 문장을 의문문으로 만들 때는 can을 문장의 맨 앞으로 보냅니다.

다음 문장을 보기와 같이 바꿔 쓰세요.

1. [Can you feel his intention?]

여러분은 그의 의도를 느낄 수 있나요?

2. [Can you help me?]

당신은 나를 도와줄 수 있나요?

3. [Can you walk to school?]

여러분은 학교에 걸어갈 수 있나요?

Summary

본문을 요약하기 위해 빈칸에 알맞은 단어를 골라 채우세요.

열대 지방의 / 그림 / 주황색 / 따뜻한 / 느끼다

In *Tahitian Landscape*, Gauguin used bright and warm colors, such as red, yellow, and orange. He wanted to make us feel the warmth of the sun and imagine the tropical scenery. Can you find all the bright and warm colors in this painting?

〈타히티 풍경〉에서 고갱은 빨간색, 노란색, 주황색과 같은 밝고 따뜻한 색을 사용했습니다. 그는 우리가 태양의 온기를 느끼고, 열대 지방의 풍경을 상상할 수 있도록 해 주고 싶었습니다. 여러분은 이 그림에서 밝고 따뜻한 색을 모두 찾을 수 있나요?

Workbook
별책 p.18

Ⓐ **그림에 알맞은 단어를 골라 쓰세요.**

1. bright　　**2.** warmth　　**3.** landscape

4. point　　**5.** painting　　**6.** tropical

Ⓑ **그림을 보고 알맞은 단어에 동그라미 하세요.**

1. 교외 지역은 아름다운 풍경을 가지고 있습니다.　[ⓐ]

2. 그림들이 벽에 걸려 있습니다.　　　　　　　[ⓐ]

3. 밝은 아침입니다.　　　　　　　　　　　　[ⓐ]

4. 그의 의도는 새로운 장난감을 위해 저축하는 것입니다.　　　　　　　　　　　　　　　　　　　[ⓑ]

p.128

| 본문 해석 | **푸른 기운**

어떤 화가들은 그림에 사람이나 장소, 사물을 넣지 않고 오직 색만을 사용합니다.

헬렌 프랑켄탈러의 〈푸른 기운〉이 그렇습니다. 그것은 오직 색으로만 구성된 그림입니다. 화가가 이 그림에 〈푸른 기운〉이라고 이름붙였지만, 그 그림 안에는 빨간색이 많이 있습니다. 불타는 듯한 빨간색이 시원하고 짙은 파란색을 밀어내는 것처럼 보입니다. 여러분은 이 그림에 어떤 이름을 붙이겠습니까?

| 정답 |

Comprehension Checkup Ⓐ **1.** a **2.** c **3.** b **4.** b Ⓑ **1.** T **2.** F

Vocabulary Focus Ⓐ **1.** c **2.** a **3.** b **4.** d

Ⓑ **1.** including **2.** painting **3.** red **4.** pushing

Grammar Focus **1.** What **2.** What **3.** What

Summary use / *Atmosphere* / colors / red / blue

| 삽화 말풍선 문장 | p. 128

① 어떤 그림은 사람, 장소, 사물을 보여주지 않아.

② 〈푸른 기운〉에는 사람이나 사물이 없어.

| Vocabulary | p. 129

• artist 몡 화가, 예술가

• include 통 포함하다

• atmosphere 몡 기운, 분위기

• made up of ~로 구성된

• fiery 혱 불타는 듯한, 사나운

• push 통 밀어내다

| Reading Focus | p. 129

• 사람이나 장소, 사물이 보이지 않는 그림을 본 적이 있나요?

• 헬렌 프랑켄탈러는 누구였나요?

| 문제 정답 및 해석 | p. 131

Comprehension Checkup

Ⓐ 가장 알맞은 답을 고르세요.

1. 본문은 주로 무엇에 관한 글입니까? [a]

　a. 색으로만 구성된 〈푸른 기운〉

　b. 〈푸른 기운〉 속 사람들

　c. 빨간색과 짙은 파란색

2. 〈푸른 기운〉에 관해 사실인 것은 무엇입니까? [c]

　a. 그림에 사람들이 있습니다.

　b. 그림에 초록색 집들이 있습니다.

　c. 그림에 색만 있습니다.

3. 그림에는 무슨 색이 있습니까? [b]

　a. 초록색과 파란색

　b. 빨간색과 파란색

　c. 흰색과 파란색

4. 헬렌 프랑켄탈러에 대해 추론할 수 있는 것은 무엇입니까? [b]

　a. 그녀는 빨간색보다 파란색을 더 좋아했습니다.

　b. 그녀는 두 가지 주요 색상의 차이를 보여주고 싶었습니다.

　c. 그녀는 사람들의 형태를 잘 그리지 못했습니다.

Ⓑ 맞는 문장은 T를, 맞지 않는 문장은 F를 고르세요.

1. 〈푸른 기운〉은 색으로만 구성되어 있습니다. [T]

2. 이 그림에는 빨간색이 없습니다. [F]

Vocabulary Focus

Ⓐ 다음 단어를 알맞은 뜻과 연결하세요.

1. 포함하다 ---- **c.** 가지고 있거나 들어있다

2. 기운, 분위기 ---- **a.** 어떤 장소나 상황이 주는 느낌

3. 밀다 ---- **b.** 힘으로 밀어붙이다

4. 불타는 듯한 ---- **d.** 불처럼 색이 매우 밝은

Ⓑ 다음 빈칸에 알맞은 단어를 고르세요.

밀어내는 / 그림 / 포함하는 것 / 빨간색

1. 어떤 화가들은 그림에 사람이나 장소, 사물을 포함하는 것 없이
색만을 사용합니다. [including]

2. 〈푸른 기운〉은 색으로만 구성된 그림입니다. [painting]

3. 〈푸른 기운〉에는 빨간색이 많이 있습니다. [red]

4. 불타는 듯한 빨간색은 파란색을 밀어내는 것처럼 보입니다.
[pushing]

Grammar Focus

의문사 what + 명사

What + 명사 ~?: 무슨[어떤] (명사) ~?

의문문에서 what 바로 다음에 명사가 오면 what은 '어떤', '무슨',
'몇' 등의 의미를 나타냅니다.

알맞은 단어를 고르세요.

1. 여러분은 이 그림에 어떤 이름을 붙이겠습니까? [What]

2. 지금 몇 시입니까? [What]

3. 여러분은 어떤 계절을 좋아하나요? [What]

Summary

본문을 요약하기 위해 빈칸에 알맞은 단어를 골라 채우세요.

사용하다 / 빨간색 / 색 / 파란색 / 기운

Some artists only use colors in their paintings. Helen
Frankenthaler's *Blue Atmosphere* is made up only of
colors. There is a lot of red in it. The red seems to be
pushing back the blue.

어떤 화가들은 자신의 그림에 색만 사용합니다. 헬렌 프랑켄탈러의
〈푸른 기운〉은 색으로만 구성되어 있습니다. 그림에는 빨간색이 많
이 있습니다. 빨간색이 파란색을 밀어내는 것처럼 보입니다.

Workbook 별책 p.19

Ⓐ 그림에 알맞은 단어를 골라 쓰세요.

1. atmosphere **2.** artist **3.** push

4. include **5.** fiery **6.** made up of

Ⓑ 그림을 보고 알맞은 단어에 동그라미 하세요.

1. 화가가 그림을 그리고 있습니다. [ⓑ]

2. 그는 고장 난 자동차를 밀고 있습니다. [ⓑ]

3. 소풍 바구니는 빵과 치즈, 과일을 포함하고 있습니다.
[ⓐ]

4. 모닥불은 불타는 듯한 불꽃을 만들어 냅니다. [ⓐ]

Subtraction

p.134

| 본문 해석 | **뺄셈**

뺄셈은 한 숫자를 다른 숫자에서 빼는 것입니다. 우유 5잔이 있습니다. 2잔을 뺍니다. 몇 잔이 남아 있나요?

우리는 이 문제를 이렇게 씁니다: 5−2=3. 또는 이렇게 쓸 수도 있습니다. 5 빼기 2는 3과 같다. '−' 기호는 뺄셈을 하고 있다는 것을 나타냅니다. 또는 이렇게도 말할 수 있습니다. "5 빼기 2는 3이다."

| 정답 |

Comprehension Checkup Ⓐ **1.** b **2.** a **3.** b **4.** b Ⓑ **1.** T **2.** F

Vocabulary Focus Ⓐ **1.** b **2.** a **3.** d **4.** c

Ⓑ **1.** number **2.** written **3.** subtracting **4.** take away

Grammar Focus **1.** How many glasses are left?

2. How much money do you want?

3. How much water did you drink?

Summary number / written / equals / take away

| 삽화 말풍선 문장 | p. 134

① 여섯 개의 사과 중, 두 개는 먹었어. 네 개의 사과가 남았어.

② 빼기는 한 숫자에서 또 다른 숫자를 빼는 거야.

| Vocabulary | p. 135

· subtraction 명 뺄셈

· take away 빼다, 제거하다

· left 형 남은

· write 동 쓰다(write−wrote−written)

· minus 전 ~을 뺀

· equal 동 (수, 양 등이) 같다

· subtract 동 빼다

· say 동 말하다

| Reading Focus | p. 135

· 뺄셈은 무엇인가요?

· 뺄셈에서 '빼다'는 무엇을 의미하나요?

| 문제 정답 및 해석 | p. 137

Comprehension Checkup

Ⓐ 가장 알맞은 답을 고르세요.

1. 본문은 주로 무엇에 관한 글입니까? [b]

　a. 뺄셈과 덧셈

　b. 뺄셈과 뺄셈을 말하는 방법

　c. 뺄셈을 배우는 방법

2. 뺄셈은 무엇을 의미합니까? [a]

　a. 어떤 숫자를 다른 숫자에서 빼는 것

　b. 숫자들을 모두 더하는 것

　c. 숫자를 세는 것

3. 7−3=4은 어떻게 쓸 수 있습니까? [b]

　a. 7 빼기 4는 3과 같다.

　b. 7 빼기 3은 4이다.

　c. 3 더하기 4는 7과 같다.

4. '−'기호는 무엇을 나타냅니까? [b]

a. 더하기

b. 빼기

c. 곱하기

Ⓑ 맞는 문장은 T를, 맞지 않는 문장은 F를 고르세요.

1. 한 숫자가 제거될 때, 그것은 뺄셈이라 불립니다.　　　[T]

2. '5 더하기 2는 3과 같다.'는 5−2=3으로도 쓸 수 있습니다.

　　　[F]

Vocabulary Focus

Ⓐ 다음 단어를 알맞은 뜻과 연결하세요.

1. 말하다 ---- **b.** 단어들을 말하다

2. 쓰다 ---- **a.** 펜으로 종이 위에 단어를 적다

3. 빼다 ---- **d.** 한 숫자를 다른 숫자에서 빼다

4. 같다 ---- **c.** 완전히 똑같다

Ⓑ 다음 빈칸에 알맞은 단어를 고르세요.

쓰여진 / 빼고 있는 / 숫자 / 빼다

1. 뺄셈은 한 숫자를 다른 숫자에서 빼는 것입니다.　[number]

2. 5−2=3은 이렇게 쓰일 수 있습니다: 5 빼기 2는 3과 같다.

　　　[written]

3. '−' 기호는 여러분이 빼고 있다는 것을 나타냅니다.

　　　[subtracting]

4. 5−2=3은 이렇게도 쓰일 수 있습니다: 5에서 2를 빼면 3이다.　　　[take away]

Grammar Focus

> how many와 how much

How many + 셀 수 있는 명사 ~?: 얼마나 많은 ~?
How much + 셀 수 없는 명사 ~?: 얼마나 많은 ~?

셀 수 있는 것의 양을 물을 때는 how many를, 셀 수 없는 것의 양을 물을 때는 how much를 사용합니다.

밑줄 친 단어를 바르게 고쳐 쓴 다음 문장을 다시 쓰세요.

1. [How many glasses are left?]
당신은 얼마나 많은 잔이 남아 있나요?

2. [How much money do you want?]
당신은 얼마나 많은 돈을 원하나요?

3. [How much water did you drink?]
당신은 얼마나 많은 물을 마셨나요?

Summary

본문을 요약하기 위해 빈칸에 알맞은 단어를 골라 채우세요.

쓰여진 / 빼다 / 같다 / 숫자

Subtraction is taking one number away from another.
5−2=3 can be written: Five minus two equals three, or five take away two is three.

뺄셈은 한 숫자를 다른 숫자에서 빼는 것입니다. 5−2=3은 이렇게 쓰일 수 있습니다: 5 빼기 2는 3과 같다, 또는 5에서 2를 빼면 3이다.

Workbook　　　별책 p. 20

Ⓐ 그림에 알맞은 단어를 골라 쓰세요.

1. left	**2.** say	**3.** subtract
4. write	**5.** equal	**6.** take away

Ⓑ 그림을 보고 알맞은 단어에 동그라미 하세요.

1. 이것은 뺄셈 문제 입니다.　　　[ⓐ]

2. 피자 한 조각이 남았습니다.　　　[ⓑ]

3. 8 빼기 1은 7과 같습니다.　　　[ⓐ]

4. 그것들은 무게가 같습니다.　　　[ⓑ]

Differences

p.140

| 본문 해석 | **차**

두 숫자 사이의 차는 한 숫자가 다른 숫자보다 얼마나 더 큰지를 나타냅니다. 뺄셈 후에 남은 숫자는 '차'라고 불립니다. 그래서 7–3의 차는 4입니다.

4 빼기 3의 차는 무엇인가요? 4 빼기 3은 1과 같기 때문에 차는 1입니다. '>', '<', 그리고 '=' 기호는 합계뿐 아니라 차를 비교하기 위해 사용될 수 있습니다.

| 정답 |

Comprehension Checkup Ⓐ **1.**a **2.**c **3.**b **4.**c Ⓑ **1.**F **2.**T

Vocabulary Focus Ⓐ **1.**b **2.**a **3.**d **4.**c

Ⓑ **1.**subtraction **2.**difference **3.**equals **4.**compare

Grammar Focus **1.**What is the difference of 4–3? **2.**What is the score? **3.**What is the title?

Summary subtraction / left / difference / compare / sums

| 삽화 말풍선 문장 | p.140

① 18–15의 차는 3이야.
② 뺄셈 후에 차를 얻을 수 있어.

| Vocabulary | p.141

· difference 명 (수학에서) 차
· between 전 ~ 사이의
· bigger 형 더 큰
· other 명 다른 하나
· sign 명 기호, 표시
· compare 동 비교하다
· as well as ~뿐만 아니라 ~도
· sum 명 합계

| Reading Focus | p.141

· 차는 무엇인가요?
· 차를 비교하기 위해 어떤 기호들이 사용되나요?

| 문제 정답 및 해석 | p.143

Comprehension Checkup

Ⓐ **가장 알맞은 답을 고르세요.**

1. 본문은 주로 무엇에 관한 글입니까? [a]
   a. 두 숫자 사이의 차
   b. 뺄셈하는 방법
   c. 차를 나타내는 기호

2. 뺄셈 후 남는 숫자를 무엇이라고 부릅니까? [c]
   a. 합계
   b. 덧셈
   c. 차

3. 10 빼기 4의 차는 무엇입니까? [b]
   a. 7
   b. 6
   c. 14

4. '>'와 '<' 기호는 언제 사용될 수 있습니까? [c]

   a. 숫자를 더할 때

   b. 숫자를 뺄 때

   c. 숫자의 차를 비교할 때

Ⓑ 맞는 문장은 T를, 맞지 않는 문장은 F를 고르세요.

1. 9-4의 차는 6입니다. [F]

2. '8>7'은 옳습니다. [T]

Vocabulary Focus

Ⓐ 다음 단어를 알맞은 뜻과 연결하세요.

1. 다른 하나 ---- **b.** 두 개 중에 두 번째 것

2. ~ 사이의 ---- **a.** 두 개를 분리하는 위치에 있는

3. 기호, 표시 ---- **d.** 특정한 의미를 가지고 있는 표시나 모양

4. 합계 ---- **c.** 두 개 이상의 수가 더해졌을 때의 합계

Ⓑ 다음 빈칸에 알맞은 단어를 고르세요.

차, 차이 / 같다 / 비교하다 / 뺄셈

1. 뺄셈 후에 남은 숫자는 '차'라고 불립니다. [subtraction]

2. 7-3의 차는 4입니다. [difference]

3. 4 빼기 3은 1과 같습니다. [equals]

4. '>', '<', 그리고 '=' 기호는 합계뿐만 아니라 차를 비교하기 위해 사용될 수 있습니다. [compare]

Grammar Focus

의문사 what

What + be동사 + 주어?: (주어)는 무엇입니까?

의문사 what은 '무엇'이라는 의미로, 어떤 사실에 대해 물을 때 be동사가 쓰인 문장이면 의문사 what을 문장 맨 앞에 두고 주어와 be동사의 위치를 서로 바꿔 주면 됩니다.

다음 문장을 보기와 같이 바꿔 쓰세요.

1. [What is the difference of 4-3?]

   4-3의 차는 얼마인가요?

2. [What is the score?] 점수가 어떻게 되나요?

3. [What is the title?] 제목이 무엇입니까?

Summary

본문을 요약하기 위해 빈칸에 알맞은 단어를 골라 채우세요.

뺄셈 / 차, 차이 / 비교하다 / 남은 / 합계

After subtraction, you can get a number left, which is a difference. The difference of 7-3 is 4. You can use the ">", "<", and "=" signs to compare differences and sums.

뺄셈 후에 남은 숫자 하나를 얻게되는데, 이것이 차입니다. 7-3의 차는 4입니다. 차와 합계를 비교하기 위해 >, < 그리고 = 기호를 사용할 수 있습니다.

Workbook 별책 p. 21

Ⓐ 그림에 알맞은 단어를 골라 쓰세요.

1. other   **2.** sign   **3.** bigger

4. sum   **5.** compare   **6.** between

Ⓑ 그림을 보고 알맞은 단어에 동그라미 하세요.

1. 233-62의 차는 171입니다. [ⓐ]

2. 그녀는 춤추는 것 뿐만 아니라 노래도 할 수 있습니다. [ⓑ]

3. 이 기호는 뺄셈을 보여줍니다. [ⓐ]

4. 그녀는 두 물건을 비교하고 있습니다. [ⓑ]

Review Test

p.146

| 정답 |

Review Vocabulary Test

Ⓐ **1.** equal / 같다　**2.** landscape / 풍경　**3.** atmosphere / 기운, 분위기

　4. sign / 기호, 표시

Ⓑ **1.** difference　**2.** warmth　**3.** written　**4.** painting

Ⓒ **1.** fiery　**2.** push　**3.** bright　**4.** between　**5.** write　**6.** say

s	c	f	i	e	r	y	d
u	r	s	q	k	e	q	p
b	e	t	w	e	e	n	a
t	r	v	w	y	l	m	i
r	t	i	i	r	q	e	n
s	c	z	g	o	i	s	t
a	p	u	s	h	p	t	y
y	e	y	o	n	t	i	e

Review Grammar Test

Ⓐ **1.** many　**2.** What　**3.** What　**4.** help

Ⓑ **1.** What is the difference of 4−3?　**2.** Can you feel his intention?

　3. How much water do you need?

Review Vocabulary Test

A 알맞은 단어와 우리말 뜻을 쓰세요.

1. 완전히 똑같다 [equal / 같다]
2. 어떤 지역에 펼쳐지는 경치 [landscape / 풍경]
3. 어떤 장소나 상황이 주는 느낌 [atmosphere / 기운, 분위기]
4. 특정한 의미를 가지고 있는 표시나 모양 [sign / 기호, 표시]

B 다음 빈칸에 알맞은 단어를 고르세요.

온기 / 그림 / 차, 차이 / 쓰여진

1. 7-3의 차는 4입니다. [difference]
2. 고갱은 우리가 태양의 온기를 느끼도록 하고 싶었습니다. [warmth]
3. 5-2=3은 이렇게 쓰여질 수 있습니다: 5 빼기 2는 3과 같다. [written]
4. 〈푸른 기운〉은 오직 색으로만 구성된 그림입니다. [painting]

C 빈칸에 알맞은 단어를 쓰세요. 그 다음 퍼즐에서 그 단어들을 찾아 동그라미 하세요.

1. 불처럼 색이 매우 밝은 [fiery]
2. 힘으로 밀어붙이다 [push]
3. 빛이 많거나 빛나는 [bright]
4. 두 개를 분리하는 위치에 있는 [between]
5. 펜으로 종이 위에 단어를 적다 [write]
6. 단어들을 말하다 [say]

Review Grammar Test

A 알맞은 단어를 고르세요.

1. 얼마나 많은 잔이 남아 있나요? [many]
2. 여러분은 어떤 과목을 좋아하나요? [What]
3. '-' 기호는 무엇을 의미합니까? [What]
4. 나를 도와줄 수 있나요? [help]

B 밑줄 친 단어를 바르게 고친 다음 문장을 다시 쓰세요.

1. [What is the difference of 4-3?]
4-3의 차는 무엇인가요?
2. [Can you feel his intention?]
그의 의도를 느낄 수 있습니까?
3. [How much water do you need?]
당신은 얼마나 많은 물이 필요합니까?

영어 리딩의 최종 목적지, 논픽션 리딩에 강해지는

미국교과서 리딩
READING LEVEL 3 ③

논픽션 독해력 미국 교과과정의 핵심 지식 습득과 독해력 향상

문제 해결력 지문 내용을 완전히 소화하도록 하는 수준별 독해 유형 연습

통합사고력 배경지식과 새로운 정보를 연결하여 내 것으로 만드는 연습

자기주도력 스스로 계획하고 성취도를 점검하는 자기주도 학습 습관 형성

길벗스쿨 공식 카페, <기적의 공부방>에서 함께 공부해요!

기적의 학습단

홈스쿨링 응원 프로젝트! 학습단에 참여하여 공부 습관도 기르고 칭찬 선물도 받으세요!

도서 서평단

길벗스쿨의 책을 가장 먼저 체험하고, 기획에도 직접 참여해 보세요.

알찬 학습 팁

엄마표 학습 노하우를 나누며 우리 아이 맞춤 학습법을 함께 찾아요.

<기적의 공부방> https://cafe.naver.com/gilbutschool